PFLANZEN IN WORT UND BILD

The World of Plants

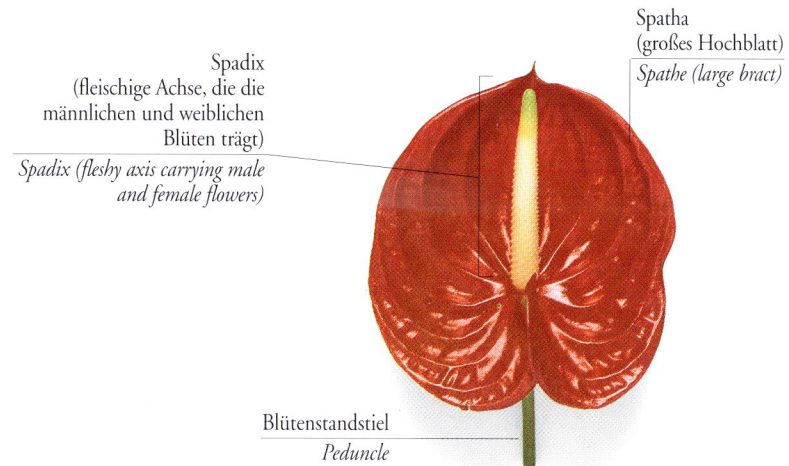

Spadix
(fleischige Achse, die die
männlichen und weiblichen
Blüten trägt)
*Spadix (fleshy axis carrying male
and female flowers)*

Spatha
(großes Hochblatt)
Spathe (large bract)

Blütenstandstiel
Peduncle

FLAMINGOBLUME
PAINTER'S PALETTE
(ANTHURIUM ANDREANUM)

Deckel
Lid

Nektar absondernde Wulst
Nectar roll

Sporn
Spur

Ranke
Tendril

Gleitzone
Waxy zone

Verdauungszone
Digestive zone

Rand der Kanne
Rim of pitcher

Teilweise verdaute Insekten
Partly digested insects

Verdauungsdrüse
Digestive gland

KANNENSTRAUCH
MONKEY CUP
(NEPENTHES MIRABILIS)

Verbreiterter Blattgrund
Flattened leaf base

Mittelrippe
Midrib

Endfieder
Terminal pinna

Ausgerandete Spitze
Emarginate apex

Blattspindel (Hauptachse eines gefiederten Blattes)
Rachis (main axis of pinnate leaf)

Fiederblatt
Pinna

Fiederblattstiel
Petiolule (leaflet stalk)

Blattstiel
Petiole

ROBINIE
FALSE ACACIA
(ROBINIA PSEUDOACACIA)

Ansatz des Blütenstiels
Point of attachment to pedicel (flower stalk)

Endokarp
Endocarp

Längsfurche
Groove

Samenschale
Testa

Mesokarp
Mesocarp

Überreste von Narbe und Griffel
Remains of stigma and style

DATTELPALME
DATE
(PHOENIX DACTYLIFERA)

Hartholz (abgestorbener sekundärer Holzteil)
Heartwood (inactive secondary xylem)

Splintholz (aktiver sekundärer Holzteil)
Sapwood (active secondary xylem)

Jahresring
Annual ring

Mark
Pith

Phloem (Siebteil)
Phloem

Periderm (äußere Schicht der Borke)
Periderm

Zweigspurstrang
Branch trace

QUERSCHNITT DURCH DEN STAMM EINER AUSGEWACHSENEN BISCHOFSKIEFER
CROSS-SECTION THROUGH MATURE STEM OF BISHOP PINE
(PINUS MURICATA)

Blättchen
Leaf

Stämmchen
Stem

Borke
Bark

LAUBMOOS
MOSS
(EURYNCHIUM STRIATUM)

Zellfaden
Rhizoid

PFLANZEN IN WORT UND BILD

The World of Plants

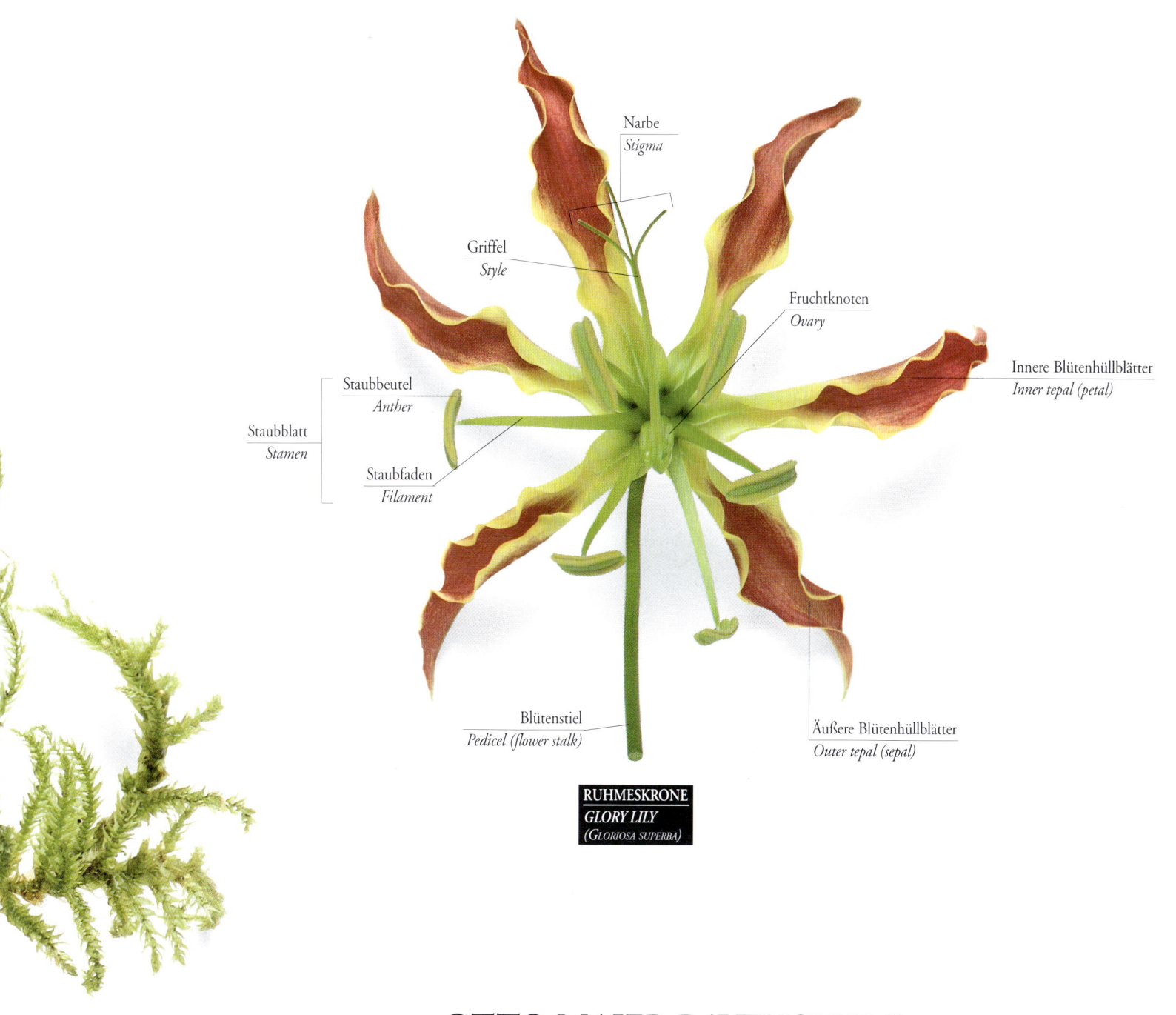

Narbe
Stigma

Griffel
Style

Fruchtknoten
Ovary

Innere Blütenhüllblätter
Inner tepal (petal)

Staubbeutel
Anther

Staubblatt
Stamen

Staubfaden
Filament

Blütenstiel
Pedicel (flower stalk)

Äußere Blütenhüllblätter
Outer tepal (sepal)

RUHMESKRONE
GLORY LILY
(*GLORIOSA SUPERBA*)

OTTO MAIER RAVENSBURG

Die Deutsche Bibliothek – CIP-Einheitsaufnahme
Pflanzen in Wort und Bild
[Übers.: Markus Fenker und Susanne Junker.
Fotos: Peter Chadwick. Zeichn.: Simone End und John Woodcock]. –
Ravensburg: Maier, 1993 (Visuelles Wissen; Bd. 6)
Einheitssacht.: The visual dictionary of plants ‹dt.›
ISBN 3-473-42009-3
NE: Fenker, Markus [Übers.]; Chadwick, Peter; EST; GT

Öffnung
Pore

Netzförmige Oberfläche
Reticulated surface

Äußere Pollenkornwand
*Exine (outer coat
of pollen grain)*

MIKROSKOPISCHE AUFNAHME EINES POLLENKORNS
MICROGRAPH OF POLLEN GRAIN

Ein Dorling Kindersley Buch
Originaltitel: Eyewitness Visual Dictionaries:
The Visual Dictionary of Plants

DK Copyright © 1992 by Dorling Kindersley Limited, London

Copyright © der deutschen Ausgabe:
Ravensburger Buchverlag Otto Maier GmbH, 1993
Alle Rechte vorbehalten

Übersetzung: Markus Fenker und Susanne Junker
Fotos: Peter Chadwick, Geoff Dann, Natural History Museum,
Spike Walker und Dr. Jeremy Burgess
Science Photo Library (Seite 26 oben rechts)
Zeichnungen: Simone End und John Woodcock
Umschlaggestaltung: Ekkehard Drechsel BDG
unter Verwendung des Umschlags der Originalausgabe
Gesamtherstellung: Arnoldo Moudadori Editore, Verona
Printed in Italy

4 3 2 1 96 95 94 93

ISBN 3-473-42009-3

INHALT / *CONTENTS*

Exokarp (äußere Schicht der Fruchthülle)
Exocarp (outer layer of pericarp)

Überreste eines Griffels
Remains of style

Stein-früchtchen
Drupelet

Überreste eines Staubblattes
Remains of stamen

Überreste eines Kelchblattes
Remains of sepal

Blütenstiel
Pedicel

BROMBEERE
BLACKBERRY
(*RUBUS FRUTICOSUS*)

Ader
Vein

Mittelrippe
Midrib

Blattstiel
Petiole

PRÄRIEMALVE
CHECKERBLOOM
(*SIDALCEA MALVIFLORA*)

Holzige Samenschuppe
Woody ovuliferous scale

Weiblicher Zapfen
Female cone

KIEFER
PINE
(*PINUS*)

Borke
Tree bark

Soredia (Lagerbruchstücke, die am Ende eines Lappens gebildet werden)
Soredia (vegetative fragments) produced at end of lobe

Lappen
Lobe

Blattartiger Thallus (Lager)
Foliose thallus

FLECHTE
LICHEN
(*HYPOGYMNIA PHYSODES*)

Blattspalte
Fissure

Gesprenkelte Blattoberfläche
Mottled surface of leaf

Abgestorbenes, verwelktes Blatt
Dead leaf

Vereintes Blattpaar
Unified leaf pair

Abgestorbene Blüte in der alten Spalte
Dead flower in old fissure

LEBENDER STEIN
LIVING STONE
(*LITHOPS BROMFIELDII*)

Kapsel
Capsule

Junge Kapsel
Immature capsule

Stiel
Seta (stalk)

Zellfaden
Rhizoid

LAUBMOOS
MOSS
(*BRYUM SP.*)

DIE PFLANZENVIELFALT / *PLANT VARIETY*

Es existieren mehr als 300 000 Pflanzenarten, deren Formen und Lebensweisen eine erstaunliche Vielfalt aufweisen. Diese reicht von zarten Lebermoosen, die sich an feuchte Lebensräume angepaßt haben, bis zu den Kakteen, die in Wüsten überleben können; von krautigen Pflanzen, wie der einjährige Mais, bis zu dem gigantischen Mammutbaum, der einige tausend Jahre alt werden kann. Diese Vielfalt ist durch die Anpassungen der Pflanzen an die verschiedensten Lebensräume bedingt. Als charakteristisches Beispiel sind hier die Blütenpflanzen (Abteilung Angiospermophyta) mit ihren über 250 000 Arten zu nennen. Von den Tropen bis zu den Polen sind sie über die ganze Erde verbreitet. Trotz ihrer Unterschiede weisen die Pflanzen gemeinsame Merkmale auf: Eine typische Pflanze ist grün, produziert ihre Nährstoffe durch Photosynthese, lebt in oder auf einem Substrat (z. B. Boden) und ist ortsfest. Die höheren Pflanzen gliedern sich in Wurzeln, Stengel und Blätter und unterscheiden sich dadurch von Algen und Pilzen.

BLÜTENPFLANZE Bromelie
FLOWERING PLANT Bromeliad
(ACANTHOSTACHYS STROBILACEA)

Blatt
Leaf

Pyrenoid (Stärkeherd)
Pyrenoid (place of starch synthesis)

Chloroplast (Blattgrünkörper)
Chloroplast

Zellwand
Cell wall

GRÜNALGE Mikroskopische Aufnahme einer Zieralge
GREEN ALGA Micrograph of desmid
(MICRASTERIAS SP.)

Einschnürung zwischen den zwei Zellhälften
Sinus (division between two halves of cell)

FARN Baumfarn
FERN Tree fern
(DICKSONIA ANTARCTICA)

Blattspindel (Hauptachse von Fiederblättern)
Rachis (main axis of pinnate leaf)

Blattstiel
Petiole (leaf stalk)

Spreuschuppen (braune Schuppen)
Ramentum (brown scale)

Basis eines abgestorbenen Wedels (Blatt)
Base of dead frond

Stamm
Trunk

Sproßbürtige Wurzel
Adventitious root

An der Basis wachsender epiphytischer Farn
Epiphytic fern growing at base

Stiel
Ceta (stalk)

Junge Mooskapsel
Immature capsule

Sporophyt (sporenbildende Pflanze)
Sporophyte (spore-producing plant)

Sporenkapsel (Ort der Sporenbildung)
Capsule (site of spore production)

Gametophyt (keimzellenbildende Pflanze)
Gametophyte (gamete-producing plant)

Blättchen
Leaf

MOOS Laubmoos
BRYOPHYTE Moss
(BRYUM SP.)

Dorn
Spine

Blüte
Flower

Deckblatt
Bract (leaf-like structure)

Blütenstand
Inflorescence

Stengel
Stem

Kutikula
(Verdunstungsschutzabdeckung)
Cuticle (waterproof covering)

Blattstiel
Petiole (leaf stalk)

BLÜTENPFLANZE
Sukkulent
FLOWERING PLANT
Succulent
(KEDROSTIS AFRICANA)

Blatt
Leaf

Sklerenchym
(Festigungsgewebe)
*Sclerenchyma
(strengthening tissue)*

BLÜTENPFLANZE
FLOWERING PLANT *Marram grass*
(AMMOPHILILA ARENARIA)
Mikroskopische Aufnahme eines
Blattquerschnitts des Strandhafers

Xylem
(Holzteil)
Xylem

Phloem
(Siebteil)
Phloem

Leitgewebe
Vascular tissue

Sproß
Stem

Steife Haare
Stiff trichome

Ineinandergreifende
Haare
Interlocked trichomes

Epidermis
(äußere Zellschicht)
*Epidermis (outer
layer of cells)*

Verdickte
Sproßbasis
*Caudex
(swollen stem
base)*

Gelenkzellen (bewirken ein
Einrollen des Blattes als
Verdunstungsschutz)
*Hinge cells (cause curling of leaf
to reduce water loss)*

Mesophyll
(photosynthetisierendes
Gewebe)
*Mesophyll
(photosynthetic tissue)*

Wurzel
Root

Fieder
Pinna

BLÜTENPFLANZE Quecke
FLOWERING PLANT *Couch grass*
(AGROPYRON REPENS)

BLÜTENPFLANZE Schlauchpflanze
FLOWERING PLANT *Pitcher plant*
(SARRACENIA PURPUREA)

Karyopse
(Trockenfrucht)
*Caryopsis (type of
dry fruit)*

Kelchblatt
Sepal

Von Blütenteilen
umgebene Frucht
*Fruit surrounded
by floral parts*

Blütenstandachse
(Hauptachse des Grasblütenstands)
*Rachis (main axis of
grass inflorescence)*

Schlauch (zur
Insektenfalle
umgebautes Blatt)
*Pitcher (leaf
modified
to trap insects)*

Schirmförmiger Griffel
Umbrella of style

Wedel (Blatt)
Frond (leaf)

Blütenstiel
Pedicel (flower stalk)

Deckel
Hood

Mittelrippe einer
Fieder (Blättchen)
Midrib of pinna

Knoten
Node

Abwärts gerichtete
Haare (bewirken die
Erbeutung eines Insekts)
*Downward-pointing hair
(encourages insect prey
into pitcher)*

Blattspreite
Lamina (blade)

Flügelleiste
Wing

Runder, hohler Stengel
Round, hollow stem

Blattscheide
Sheathing leaf base

Sproßbürtige Wurzel
Adventitious root

Junger Schlauch
Immature pitcher

PILZE UND FLECHTEN / *FUNGI AND LICHENS*

Die Pilze wurden früher zu den Pflanzen gezählt. Heute führt man sie aber als eigene Gruppe. Zu ihnen gehören nicht nur die Ständerpilze, Boviste, Stinkmorcheln und Schimmelpilze, sondern auch Hefen, Brandpilze und Roste. Die meisten Pilze sind vielzellig und bestehen aus einer Fülle fadenförmiger Hyphen, die zusammen das Myzel bilden. Die einfachen Pilze (z. B. Hefen) sind mikroskopisch kleine, einzellige Organismen. Die Pilze vermehren sich gewöhnlich durch Sporenbildung und ernähren sich meistens von totem und zerfallendem Substrat oder von lebenden Organismen. Einige wenige Pilze beziehen ihre Nährstoffe von Algen oder Pflanzen, mit denen sie in einer symbiontischen (zum gegenseitigen Vorteil) Gemeinschaft leben. Flechten sind Symbiosen aus Algen und Pilzen und werden zu einer eigenen Gruppe zusammengefaßt. Ihre drei bekanntesten der insgesamt sechs Formen sind die Krusten-, Laub- und Strauchflechten. Einige Flechten (z. B. *Cladonia floerkeana*) sind eine Kombination dieser Formen. Flechten vermehren sich durch Sporenbildung oder Soredien (pulverige vegetative Bruchstücke).

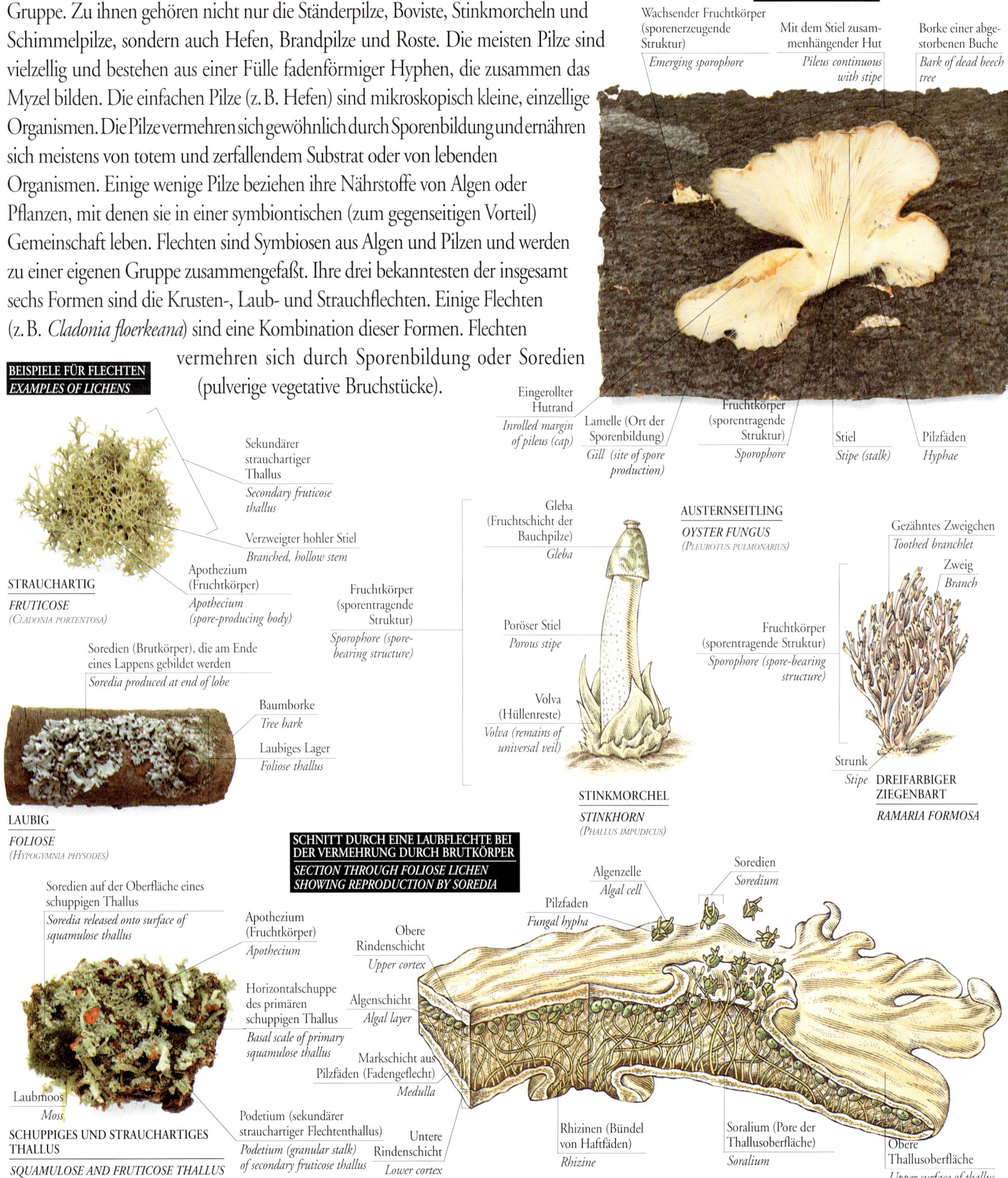

BEISPIELE VON PILZEN
EXAMPLES OF FUNGI

Wachsender Fruchtkörper (sporenerzeugende Struktur)
Emerging sporophore

Mit dem Stiel zusammenhängender Hut
Pileus continuous with stipe

Borke einer abgestorbenen Buche
Bark of dead beech tree

Eingerollter Hutrand
Inrolled margin of pileus (cap)

Lamelle (Ort der Sporenbildung)
Gill (site of spore production)

Fruchtkörper (sporentragende Struktur)
Sporophore

Stiel
Stipe (stalk)

Pilzfäden
Hyphae

BEISPIELE FÜR FLECHTEN
EXAMPLES OF LICHENS

Sekundärer strauchartiger Thallus
Secondary fruticose thallus

Verzweigter hohler Stiel
Branched, hollow stem

Apothezium (Fruchtkörper)
Apothecium (spore-producing body)

Fruchtkörper (sporentragende Struktur)
Sporophore (spore-bearing structure)

STRAUCHARTIG
FRUTICOSE
(CLADONIA PORTENTOSA)

Soredien (Brutkörper), die am Ende eines Lappens gebildet werden
Soredia produced at end of lobe

Baumborke
Tree bark

Laubiges Lager
Foliose thallus

LAUBIG
FOLIOSE
(HYPOGYMNIA PHYSODES)

Gleba (Fruchtschicht der Bauchpilze)
Gleba

Poröser Stiel
Porous stipe

Volva (Hüllenreste)
Volva (remains of universal veil)

STINKMORCHEL
STINKHORN
(PHALLUS IMPUDICUS)

AUSTERNSEITLING
OYSTER FUNGUS
(PLEUROTUS PULMONARIUS)

Fruchtkörper (sporentragende Struktur)
Sporophore (spore-bearing structure)

Gezähntes Zweigchen
Toothed branchlet

Zweig
Branch

Strunk
Stipe

DREIFARBIGER ZIEGENBART
RAMARIA FORMOSA

Soredien auf der Oberfläche eines schuppigen Thallus
Soredia released onto surface of squamulose thallus

Apothezium (Fruchtkörper)
Apothecium

Horizontalschuppe des primären schuppigen Thallus
Basal scale of primary squamulose thallus

Podetium (sekundärer strauchartiger Flechtenthallus)
Podetium (granular stalk) of secondary fruticose thallus

Laubmoos
Moss

SCHUPPIGES UND STRAUCHARTIGES THALLUS
SQUAMULOSE AND FRUTICOSE THALLUS
(CLADONIA FLOERKEANA)

SCHNITT DURCH EINE LAUBFLECHTE BEI DER VERMEHRUNG DURCH BRUTKÖRPER
SECTION THROUGH FOLIOSE LICHEN SHOWING REPRODUCTION BY SOREDIA

Algenzelle
Algal cell

Soredien
Soredium

Pilzfaden
Fungal hypha

Obere Rindenschicht
Upper cortex

Algenschicht
Algal layer

Markschicht aus Pilzfäden (Fadengeflecht)
Medulla

Untere Rindenschicht
Lower cortex

Rhizinen (Bündel von Haftfäden)
Rhizine

Soralium (Pore der Thallusoberfläche)
Soralium

Obere Thallusoberfläche
Upper surface of thallus

Hülle des Fruchtkörpers
(die das sporenbildende
Gewebe umgebende Wand)
Peridium

Innere Hülle des
Fruchtkörpers
Endoperidium

Äußere Hülle des
Fruchtkörpers
Exoperidium

Gleba
(Fruchtschicht
der Bauchpilze)
Gleba

Schuppen auf der Hülle
des Fruchtkörpers
Scale on exoperidium

Hüllenreste
(Reste vom Velum
universale)
Velar scale

Lamelle (Ort der
Sporenbildung)
Gill

Hut
Pileus

Ring
Annulus

Stiel
Stipe

Unterirdisches
Myzel
*Underground
mycelium*

Fruchtkörper (sporen-
tragende Struktur)
Sporophore

**AUSGEWACHSENER FRUCHTKÖRPER
(SPORENTRAGENDE STRUKTUR)**

*MATURE SPOROPHORE
(SPORE-BEARING STRUCTURE)*

Sporenständer
(sporenbildende
Struktur)
Basidium

Abgeschleuderte Spore
Discharged spore

TEIL EINER LAMELLE

SECTION OF GILL

Aus dem Myzel
gebildeter
Fruchtkörper
*Primary mycelium
develops from spore*

Spore
Spore

Querwand
Septum

Hyphe
(Pilzfaden)
Hypha

Aus der Verschmelzung der
primären Geflechte entstandenes
sekundäres Geflecht
*Primary mycelia fuse to produce
secondary mycelia.*

Zellkern
Nucleus

SPOREN KEIMEN AUS UND WACHSEN ZU EINEM MYZEL

SPORES GERMINATE AND PRODUCE MYCELIUM

Unterirdisches Myzel
*Underground mycelium
(mass of hyphae)*

Stiel
Stipe

Substrat, bestehend aus
Erde und Fallaub
Substratum

**DICKSCHALIGER
KARTOFFELBOVIST**

COMMON EARTH-BALL
(*SCLERODERMA CITRINUM*)

Fächerförmiger
Hut
Fan-shaped pileus

Fruchtkörper
(sporentragende
Struktur)
Sporophore

Stiel
Stipe

Lamelle (Ort der Sporenbildung)
Gill (site of spore production)

TRICHTERFÖRMIGER MUSCHELSEITLING

HOHENBUEHELIA PETALOIDES

Fruchtkörper
Sporophore

Hut
Pileus

Stiel
Stipe

Junger Fruchtkörper
Immature sporophore

Myzel (Pilzgeflecht)
Mycelium

AUS DEM MYZEL GEBILDETER FRUCHTKÖRPER

MYCELIUM FORMS SPOROPHORE

Hülle (Haut, die den wachsenden
Fruchtkörper umgibt)
Universal veil

Hut
Pileus

Lamelle
Gill

Unterirdisches Myzel
Underground myceliua

Stiel
Stipe

ÜBER DER ERDE WACHSENDER FRUCHTKÖRPER

SPOROPHORE GROWS ABOVE GROUND

Wachsender
Hut
Expanding pileus

Ring (entsteht durch das
Aufreißen des Schleiers)
*Annulus being formed
as partial veil breaks*

Unterirdisches Myzel
Underground mycelium

Schleier (verbindet
Hut und Stiel)
Partial veil

Stiel
Stipe

Volva
(Hüllenreste)
Volva

Substrat, bestehend aus
Erde und Fallaub
*Substratum of woodland
(soil and leaf litter)*

LILABLÄTTRIGER SAUMPILZ

FRINGED CRUMBLE CAP
(*PSATHYRELLA CANDOLLEANA*)

Hyphen (Pilzfäden)
Hyphae (fungal filaments)

HÜLLE REISST AUF

UNIVERSAL VEIL BREAKS.

ALGEN UND TANGE / *ALGAE AND SEAWEEDS*

Die Algen bilden eine eigene Abteilung des Pflanzenreichs. Sie besitzen, wie auch die höheren Pflanzen, das grüne Pigment Chlorophyll und bilden ihre eigenen Nährstoffe durch Photosynthese (s. S. 32–33). Viele Algen haben weitere Pigmente, nach denen sie auch klassifiziert werden können. In Braunalgen ist zum Beispiel das braune Pigment Fucoxanthin enthalten. Einige Algengruppen sind ausschließlich einzellig. Andere dagegen bilden Zellfäden oder -kolonien. Große, vielzellige, thallöse Formen sind die marinen Chlorophyta (Grünalgen), Rhodophyta (Rotalgen) und Phaeophyta (Braunalgen). Letztere werden auch als Tange bezeichnet. Die meisten Algen können sich geschlechtlich vermehren. Bei der Braunalge, *Fucus vesiculosus*, werden die Gameten (Keimzellen) in Konzeptakeln (Kammern) gebildet, die in den fruchtbaren Spitzen der Blattorgane lokalisiert sind. Nach ihrer Freisetzung ins Meer verschmelzen die männlichen und weiblichen Gameten zu einer Zygote. Diese setzt sich auf Gestein fest und entwickelt sich zu einem neuen Tang.

BRAUNALGE Rinnentang
BROWN SEAWEED Channelled wrack
(PELVETIA CANALICULATA)

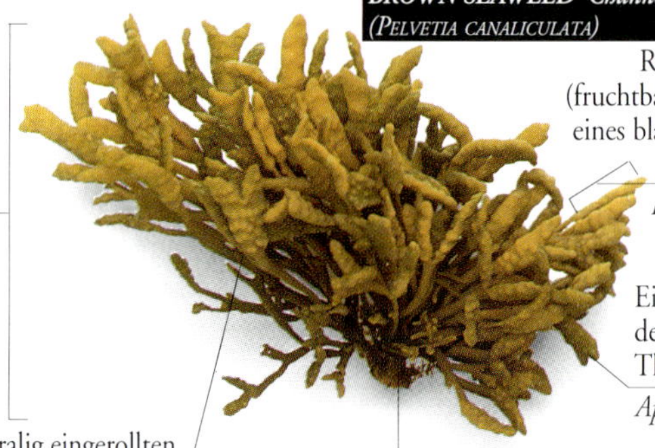

Thallus (Pflanzenkörper)
Thallus

Rezeptakel (fruchtbare Spitze eines blattartigen Thallus)
Receptacle

Einbuchtung des Thallusendes
Apical notch

Rand eines spiralig eingerollten Thallusteils
Margin of lamina rolled inwards to form channel

Hapteron (Haftorgan)
Hapteron

BRAUNALGE Spiraltang
BROWN SEAWEED Spiral wrack
(FUCUS SPIRALIS)

Einbuchtung des Thallusendes
Apical notch

Konzeptakel (Fortpflanzungskammer)
Conceptacle

Rezeptakel (fruchtbare Thallusspitze)
Receptacle

Thallus (Pflanzenkörper)
Thallus

Blattartige Thallusfläche
Lamina

Glatter Rand
Smooth margin

Mittelrippe
Midrib

Hapteron (Haftorgan)
Hapteron

BEISPIELE FÜR ALGEN
EXAMPLES OF ALGAE

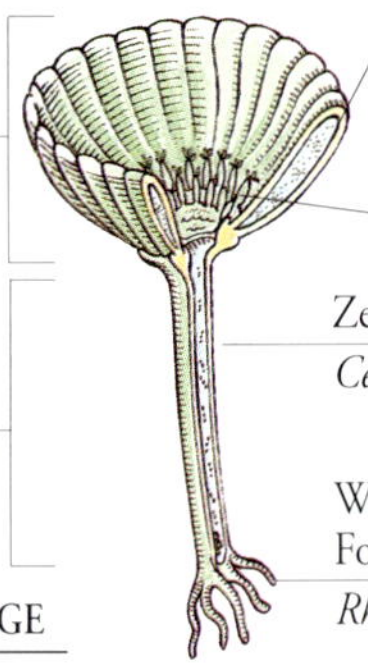

Fortpflanzungskammer
Reproductive chamber

Hut
Cap

Unfruchtbarer Wirtel
Sterile whorl

Zellwand
Cell wall

Stiel
Calcified stalk

Wurzelartiger Fortsatz
Rhizoid

GRÜNALGE
GREEN ALGA
(ACETABULARIA SP.)

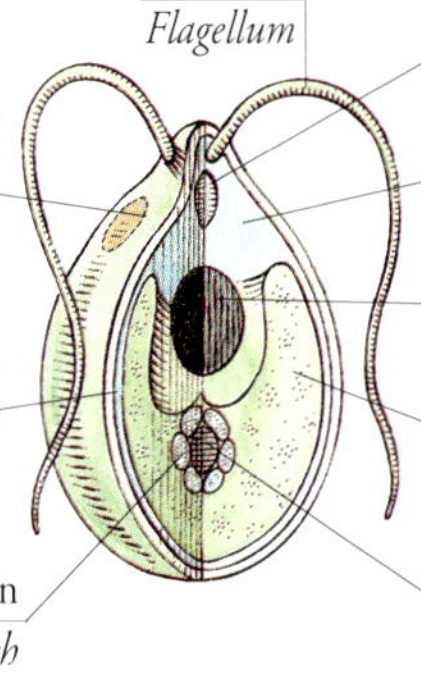

Geißel
Flagellum

Augenfleck
Eyespot

Zellwand
Cell wall

Stärkekern
Starch grain

Pulsierende Vakuole
Contractile vacuole

Zellplasma
Cytoplasm

Zellkern
Nucleus

Chlorophyllkörper
Chloroplast

Pyrenoid (Stärkeherd)
Pyrenoid (place of starch synthesis)

GRÜNALGE
GREEN ALGA
(CHLAMYDOMONAS SP.)

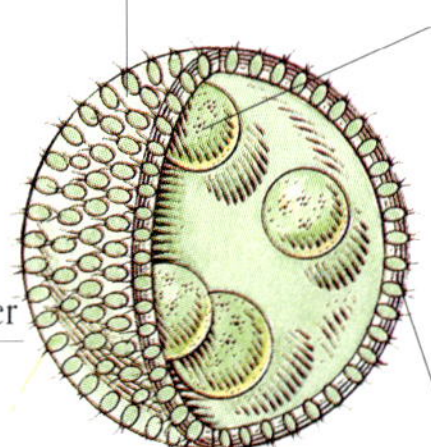

Zellkolonie
Coenobium (colony of cells)

Tochterkolonie
Daughter coenobium

Gallerthülle
Gelatinous sheath

Zweigeißlige Zelle
Biflagellate cell

GRÜNALGE
GREEN ALGA
(VOLVOX SP.)

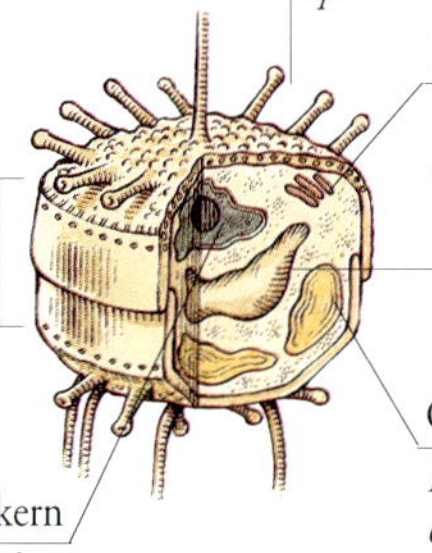

Dorn
Spine

Zellplasma
Cytoplasm

Vakuole (Saftraum)
Vacuole

Chlorophyllkörper
Plastid (photosynthetic organelle)

Gürtel
Girdle

Zellkern
Nucleus

KIESELALGE
DIATOM
(THALASSIOSIRA SP.)

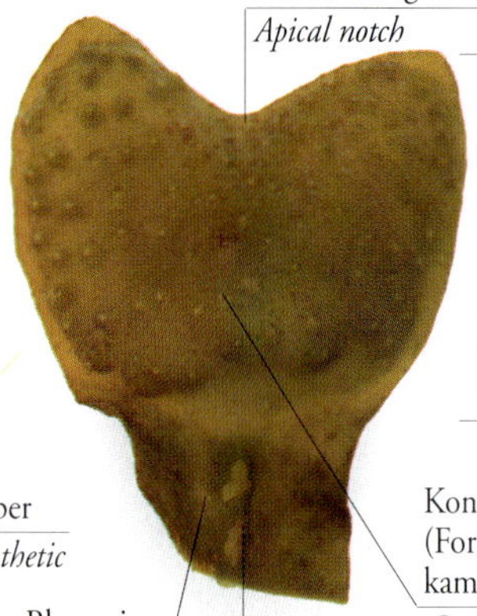

Thallus (Pflanzenkörper)
Thallus (plant body)

Einbuchtung an der Thallusspitze
Apical notch

Rezeptakel (fruchtbare Thallusspitze)
Receptacle

Konzeptakel (Fortpflanzungskammer)
Conceptacle (chamber) containing reproductive structures

Blattartige Thallusfläche
Lamina

Mittelrippe
Midrib

REZEPTAKEL Spiraltang
RECEPTACLE Spiral wrack
(FUCUS SPIRALIS)

Handförmig geteilte, blattartige Thallusfläche
Lamina palmately divided

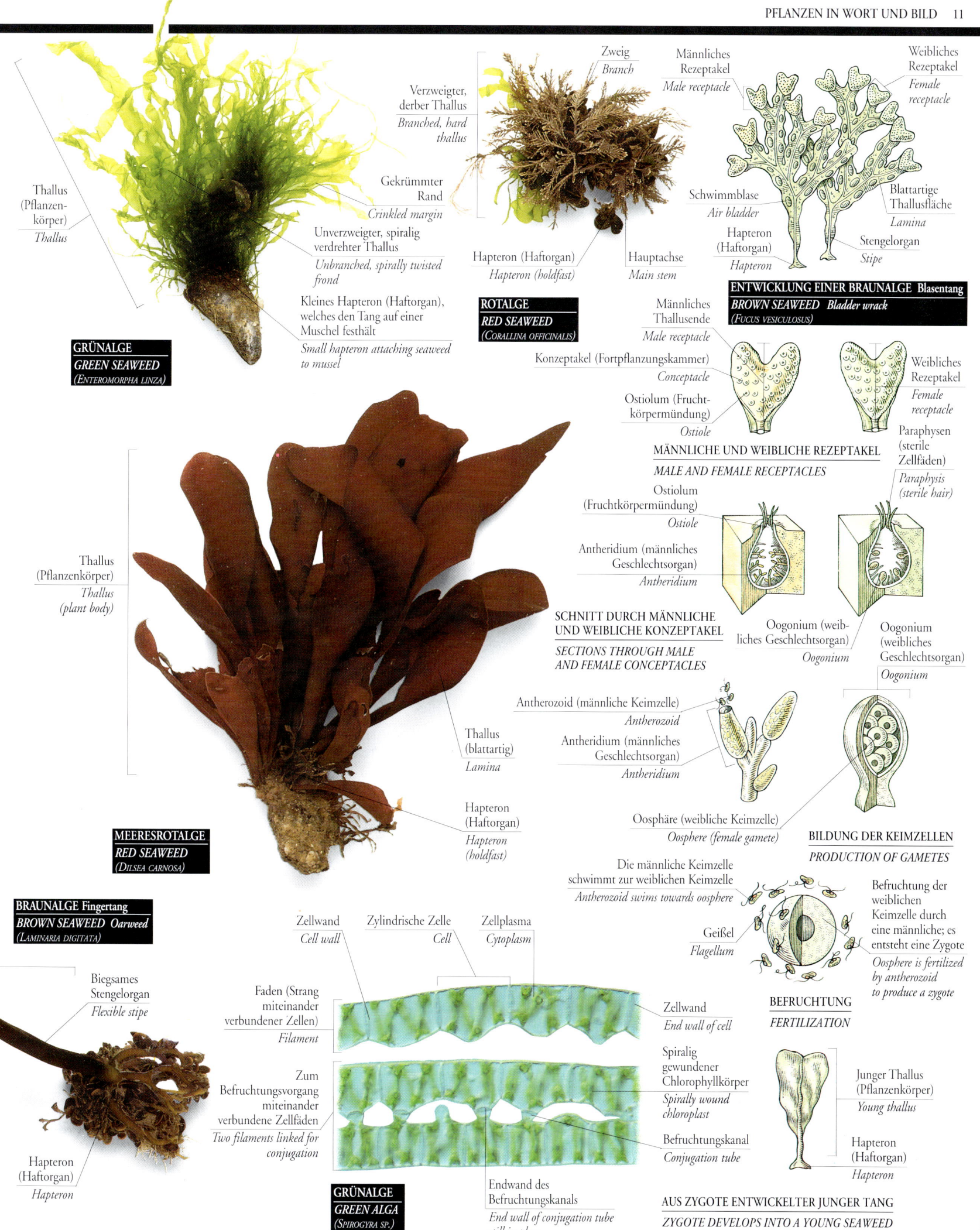

Thallus
(Pflanzen-
körper)
Thallus

Verzweigter,
derber Thallus
*Branched, hard
thallus*

Gekrümmter
Rand
Crinkled margin

Unverzweigter, spiralig
verdrehter Thallus
*Unbranched, spirally twisted
frond*

Kleines Hapteron (Haftorgan),
welches den Tang auf einer
Muschel festhält
*Small hapteron attaching seaweed
to mussel*

GRÜNALGE
GREEN SEAWEED
(*ENTEROMORPHA LINZA*)

Zweig
Branch

Männliches
Rezeptakel
Male receptacle

Weibliches
Rezeptakel
*Female
receptacle*

Schwimmblase
Air bladder

Blattartige
Thallusfläche
Lamina

Hapteron
(Haftorgan)
Hapteron

Stengelorgan
Stipe

Hapteron (Haftorgan)
Hapteron (holdfast)

Hauptachse
Main stem

ROTALGE
RED SEAWEED
(*CORALLINA OFFICINALIS*)

ENTWICKLUNG EINER BRAUNALGE Blasentang
BROWN SEAWEED Bladder wrack
(*FUCUS VESICULOSUS*)

Männliches
Thallusende
Male receptacle

Konzeptakel (Fortpflanzungskammer)
Conceptacle

Ostiolum (Frucht-
körpermündung)
Ostiole

Weibliches
Rezeptakel
*Female
receptacle*

Paraphysen
(sterile
Zellfäden)
*Paraphysis
(sterile hair)*

MÄNNLICHE UND WEIBLICHE REZEPTAKEL
MALE AND FEMALE RECEPTACLES

Ostiolum
(Fruchtkörpermündung)
Ostiole

Antheridium (männliches
Geschlechtsorgan)
Antheridium

Thallus
(Pflanzenkörper)
*Thallus
(plant body)*

Thallus
(blattartig)
Lamina

Hapteron
(Haftorgan)
*Hapteron
(holdfast)*

**SCHNITT DURCH MÄNNLICHE
UND WEIBLICHE KONZEPTAKEL**
*SECTIONS THROUGH MALE
AND FEMALE CONCEPTACLES*

Oogonium (weib-
liches Geschlechtsorgan)
Oogonium

Oogonium
(weibliches
Geschlechtsorgan)
Oogonium

Antherozoid (männliche Keimzelle)
Antherozoid

Antheridium (männliches
Geschlechtsorgan)
Antheridium

MEERESROTALGE
RED SEAWEED
(*DILSEA CARNOSA*)

Oosphäre (weibliche Keimzelle)
Oosphere (female gamete)

Die männliche Keimzelle
schwimmt zur weiblichen Keimzelle
Antherozoid swims towards oosphere

BILDUNG DER KEIMZELLEN
PRODUCTION OF GAMETES

Geißel
Flagellum

Befruchtung der
weiblichen
Keimzelle durch
eine männliche; es
entsteht eine Zygote
*Oosphere is fertilized
by antherozoid
to produce a zygote*

BRAUNALGE Fingertang
BROWN SEAWEED Oarweed
(*LAMINARIA DIGITATA*)

Biegsames
Stengelorgan
Flexible stipe

Zellwand
Cell wall

Zylindrische Zelle
Cell

Zellplasma
Cytoplasm

Faden (Strang
miteinander
verbundener Zellen)
Filament

Zellwand
End wall of cell

Zum
Befruchtungsvorgang
miteinander
verbundene Zellfäden
*Two filaments linked for
conjugation*

Spiralig
gewundener
Chlorophyllkörper
*Spirally wound
chloroplast*

Befruchtungskanal
Conjugation tube

BEFRUCHTUNG
FERTILIZATION

Junger Thallus
(Pflanzenkörper)
Young thallus

Hapteron
(Haftorgan)
Hapteron

Hapteron
(Haftorgan)
Hapteron

Endwand des
Befruchtungskanals
*End wall of conjugation tube
still in place*

GRÜNALGE
GREEN ALGA
(*SPIROGYRA SP.*)

AUS ZYGOTE ENTWICKELTER JUNGER TANG
ZYGOTE DEVELOPS INTO A YOUNG SEAWEED

LEBERMOOSE UND LAUBMOOSE / *LIVERWORTS AND MOSSES*

Die Laub- und Lebermoose sind kleine, niederliegende Pflanzen, die zur Abteilung Bryophyta gehören. Die Moose besitzen weder einen richtigen Sproß noch eigentliche Blätter oder Wurzeln (sie sind mit Rhizoiden im Untergrund verankert). Ebenfalls fehlen ein Leitgewebe (Xylem und Phloem), das bei höheren Pflanzen dem Wasser- und Nährstofftransport dient, sowie eine Kutikula, die sie vor dem Austrocknen bewahrt. Deswegen wachsen viele Moose in feuchten Lebensräumen. Die Entwicklung verläuft in zwei Phasen: Zunächst bildet die Moospflanze (Gametophyt) männliche und weibliche Keimzellen (Gameten), die zu einer Zygote verschmelzen. Danach entwickelt sich aus der Zygote die Sporenpflanze (Sporophyt), welche mit dem Gametophyt verbunden bleibt. Die Sporenpflanze bildet Sporen, die zu neuen Moospflanzen heranwachsen. Die Lebermoose (Klasse Hepaticae) wachsen waagerecht und können thallös (flach und bandartig) oder beblättert sein. Die Laubmoose (Klasse Musci) besitzen meist ein aufrechtes Stämmchen mit spiralig angeordneten Blättchen.

Stämmchen
Stem

Blättchen
Leaf
Rhizoid (Zellfaden)
Rhizoid

BEBLÄTTERTES LEBERMOOS
LEAFY LIVERWORT
(*Scapania undulata*)

THALLÖSES LEBERMOOS
THALLOID LIVERWORT
(*Marchantia polymorpha*)

Brutbecher
Gemma cup

Brutkörper (ablösbares Gewebe, aus dem sich neue Pflanzen entwickeln)
Gemma

Thallus (Pflanzenkörper)
Thallus
Gezähnter Rand eines Bechers
Toothed margin of cup

BRUTBECHER
DETAIL OF GEMMA CUP

Weiblicher Gametangienstand
Archegoniophore

Scheibe
Disc
Lappen
Lobe
Stiel
Stalk

Thallus
Thallus

Einbuchtung der Thallusspitze
Apical notch

Rhizoid (Zellfaden)
Rhizoid

SEITENANSICHT EINES WEIBLICHEN GAMETANGIENSTANDES
SIDE VIEW OF ARCHEGONIOPHORE

WEIBLICHE MOOSPFLANZE
FEMALE GAMETOPHYTE

Scheibe
Disc

Lappen
Lobe

Stiel
Stalk

Lappen
Lobe
Scheibe
Disc

Strahl (radiale Rinne)
Ray
Stiel
Stalk

WEIBLICHER GAMETANGIENSTAND VON UNTEN
ARCHEGONIOPHORE FROM BELOW

Atemöffnung
Pore

Strahl (radiale Rinne)
Ray

MIKROSKOPISCHE AUFNAHME EINES LAPPENS
MICROGRAPH OF LOBE

Brutbecher
Gemma cup

Thallus (Pflanzenkörper)
Thallus (plant body)

Mittelrippe
Midrib

Weiblicher Gametangienstand
Archegoniophore

Lage einer Luftkammer
Position of air chamber

Öffnung zum Gasaustausch (Spalt-öffnung)
Pore for exchange of gases

Oberfläche
Upper surface

Rhizoid
Rhizoid

MIKROSKOPISCHE AUFNAHME DES THALLUS
MICROGRAPH OF THALLUS

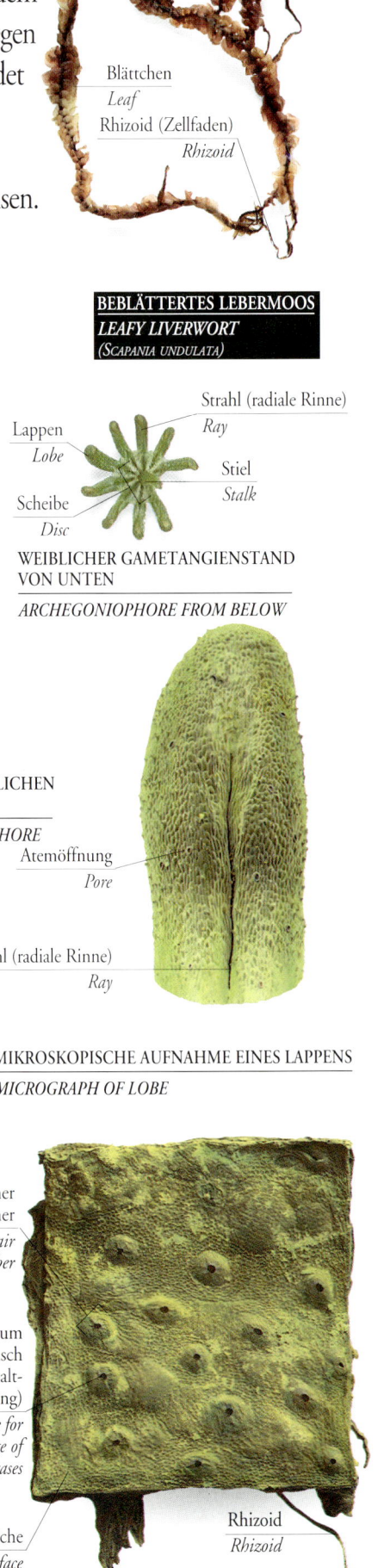

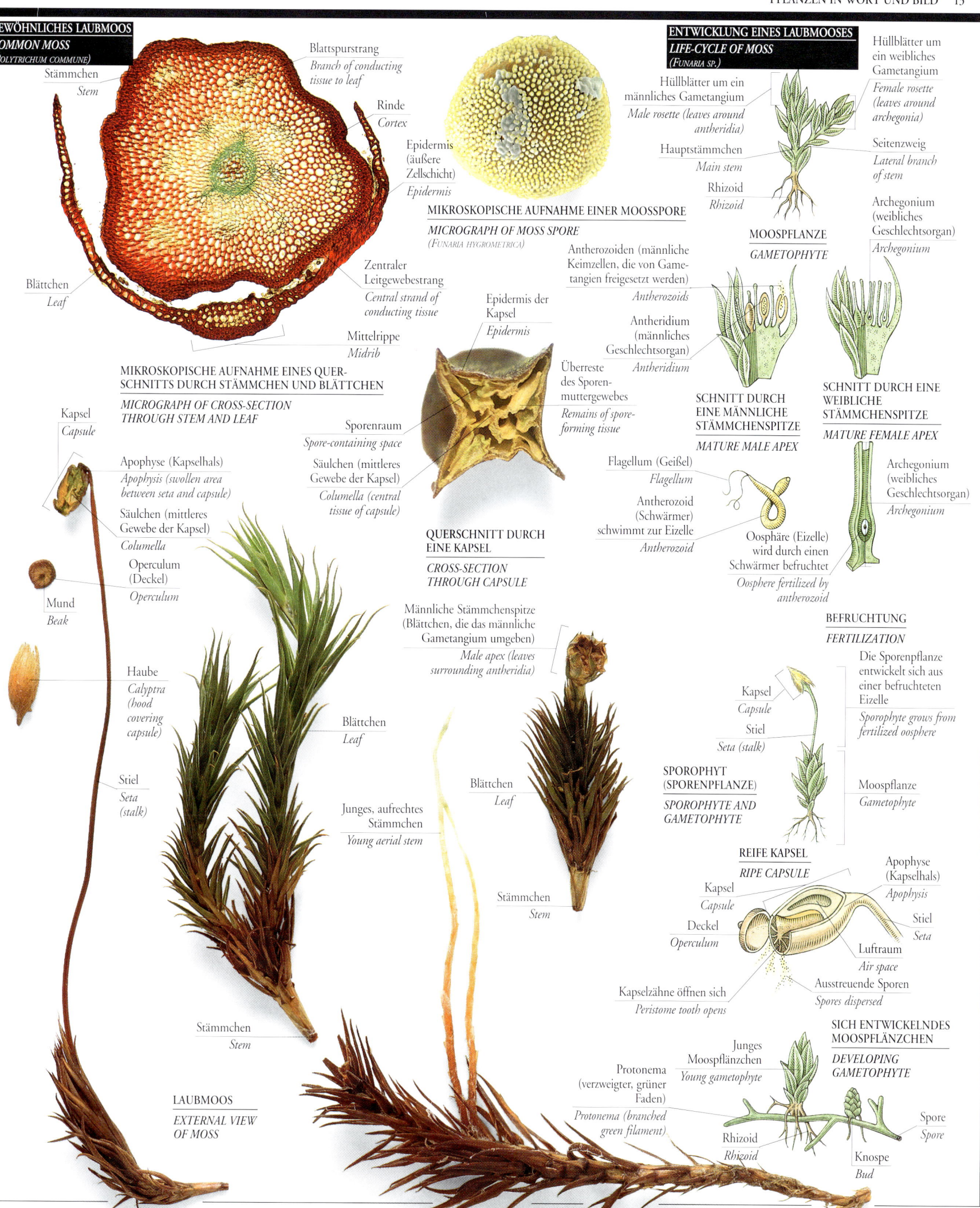

Stämmchen
Stem

Blattspurstrang
Branch of conducting tissue to leaf

Rinde
Cortex

Epidermis (äußere Zellschicht)
Epidermis

Blättchen
Leaf

Zentraler Leitgewebestrang
Central strand of conducting tissue

Mittelrippe
Midrib

MIKROSKOPISCHE AUFNAHME EINES QUER-
SCHNITTS DURCH STÄMMCHEN UND BLÄTTCHEN
*MICROGRAPH OF CROSS-SECTION
THROUGH STEM AND LEAF*

MIKROSKOPISCHE AUFNAHME EINER MOOSSPORE
MICROGRAPH OF MOSS SPORE
(FUNARIA HYGROMETRICA)

Epidermis der Kapsel
Epidermis

Sporenraum
Spore-containing space

Säulchen (mittleres Gewebe der Kapsel)
Columella (central tissue of capsule)

Überreste des Sporen-muttergewebes
Remains of spore-forming tissue

QUERSCHNITT DURCH
EINE KAPSEL
*CROSS-SECTION
THROUGH CAPSULE*

Hüllblätter um ein männliches Gametangium
Male rosette (leaves around antheridia)

Hauptstämmchen
Main stem

Rhizoid
Rhizoid

Hüllblätter um ein weibliches Gametangium
Female rosette (leaves around archegonia)

Seitenzweig
Lateral branch of stem

Archegonium (weibliches Geschlechtsorgan)
Archegonium

MOOSPFLANZE
GAMETOPHYTE

Antherozoiden (männliche Keimzellen, die von Game-tangien freigesetzt werden)
Antherozoids

Antheridium (männliches Geschlechtsorgan)
Antheridium

SCHNITT DURCH
EINE MÄNNLICHE
STÄMMCHENSPITZE
MATURE MALE APEX

SCHNITT DURCH EINE
WEIBLICHE
STÄMMCHENSPITZE
MATURE FEMALE APEX

Archegonium (weibliches Geschlechtsorgan)
Archegonium

Flagellum (Geißel)
Flagellum

Antherozoid (Schwärmer) schwimmt zur Eizelle
Antherozoid

Oosphäre (Eizelle) wird durch einen Schwärmer befruchtet
Oosphere fertilized by antherozoid

BEFRUCHTUNG
FERTILIZATION

Kapsel
Capsule

Apophyse (Kapselhals)
Apophysis (swollen area between seta and capsule)

Säulchen (mittleres Gewebe der Kapsel)
Columella

Operculum (Deckel)
Operculum

Mund
Beak

Haube
Calyptra (hood covering capsule)

Stiel
Seta (stalk)

Blättchen
Leaf

Junges, aufrechtes Stämmchen
Young aerial stem

Stämmchen
Stem

LAUBMOOS
*EXTERNAL VIEW
OF MOSS*

Männliche Stämmchenspitze (Blättchen, die das männliche Gametangium umgeben)
Male apex (leaves surrounding antheridia)

Blättchen
Leaf

Stämmchen
Stem

Kapsel
Capsule

Stiel
Seta (stalk)

SPOROPHYT
(SPORENPFLANZE)
*SPOROPHYTE AND
GAMETOPHYTE*

Die Sporenpflanze entwickelt sich aus einer befruchteten Eizelle
Sporophyte grows from fertilized oosphere

Moospflanze
Gametophyte

REIFE KAPSEL
RIPE CAPSULE

Kapsel
Capsule

Deckel
Operculum

Kapselzähne öffnen sich
Peristome tooth opens

Apophyse (Kapselhals)
Apophysis

Stiel
Seta

Luftraum
Air space

Ausstreuende Sporen
Spores dispersed

SICH ENTWICKELNDES
MOOSPFLÄNZCHEN
*DEVELOPING
GAMETOPHYTE*

Junges Moospflänzchen
Young gametophyte

Protonema (verzweigter, grüner Faden)
Protonema (branched green filament)

Rhizoid
Rhizoid

Spore
Spore

Knospe
Bud

SCHACHTELHALME, BÄRLAPPE, FARNE / *HORSETAILS, CLUBMOSSES, FERNS*

Schachtelhalme, Bärlappe und Farne sind primitive Landpflanzen. Wie auch die höheren Pflanzen besitzen sie Sprosse, Wurzeln und Blätter sowie Leitgewebe, die Wasser, Mineral- und Nährstoffe transportieren. Im Gegensatz zu den höheren Pflanzen bilden sie aber bei der Fortpflanzung keine Samen. Ihre Entwicklung verläuft in zwei Phasen: Zunächst produziert die Sporenpflanze in Sporangien Sporen. Danach wachsen die Sporen zu kurzlebigen Gametophyten heran, welche männliche und weibliche Gameten (Keimzellen) bilden. Die Gameten verschmelzen zu einer Zygote, aus der sich ein neuer Sporophyt entwickelt. Die Schachtelhalmgewächse (Abteilung Sphenophyta) haben grüne, aufrecht wachsende Sprosse mit quirlig angeordneten Zweigen. Einige der Sprosse sind fertil und bilden einen Sporophyllstand (Gruppe von Sporangien) an ihrer Spitze aus. Die Bärlappgewächse (Abteilung Lycopodophyta) verfügen gewöhnlich über kleine, schraubig um den Sproß angeordnete Blätter, die mit Sporophyllständen an den Spitzen einiger Sprosse ausgestattet sind. Die Farne (Abteilung Filicophyta) haben meistens große, gefiederte Wedel. Auf der Unterseite von fertilen Wedeln entwickeln sich die zu Sori gehäuften Sporangien.

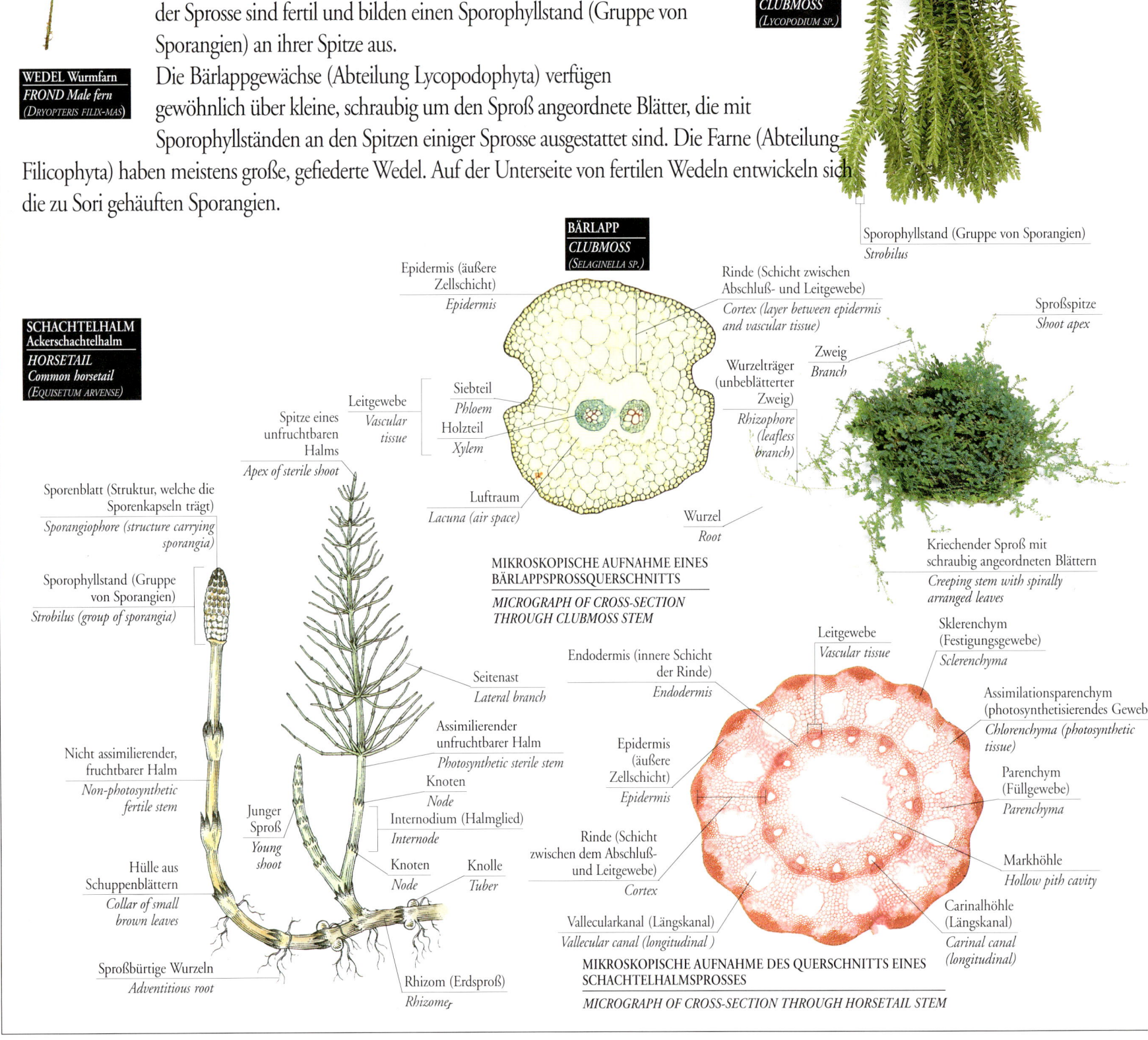

WEDEL Wurmfarn
FROND Male fern
(DRYOPTERIS FILIX-MAS)

Sproß mit schraubig angeordneten Blättern
Stem with spirally arranged leaves

Zweig
Branch

BÄRLAPP
CLUBMOSS
(LYCOPODIUM SP.)

Sporophyllstand (Gruppe von Sporangien)
Strobilus

SCHACHTELHALM
Ackerschachtelhalm
HORSETAIL
Common horsetail
(EQUISETUM ARVENSE)

BÄRLAPP
CLUBMOSS
(SELAGINELLA SP.)

Epidermis (äußere Zellschicht)
Epidermis

Rinde (Schicht zwischen Abschluß- und Leitgewebe)
Cortex (layer between epidermis and vascular tissue)

Sproßspitze
Shoot apex

Zweig
Branch

Wurzelträger (unbeblätterter Zweig)
Rhizophore (leafless branch)

Leitgewebe
Vascular tissue

Siebteil
Phloem
Holzteil
Xylem

Luftraum
Lacuna (air space)

Wurzel
Root

Kriechender Sproß mit schraubig angeordneten Blättern
Creeping stem with spirally arranged leaves

MIKROSKOPISCHE AUFNAHME EINES BÄRLAPPSPROSSQUERSCHNITTS
MICROGRAPH OF CROSS-SECTION THROUGH CLUBMOSS STEM

Spitze eines unfruchtbaren Halms
Apex of sterile shoot

Sporenblatt (Struktur, welche die Sporenkapseln trägt)
Sporangiophore (structure carrying sporangia)

Sporophyllstand (Gruppe von Sporangien)
Strobilus (group of sporangia)

Seitenast
Lateral branch

Assimilierender unfruchtbarer Halm
Photosynthetic sterile stem

Knoten
Node
Internodium (Halmglied)
Internode
Knoten
Node

Knolle
Tuber

Nicht assimilierender, fruchtbarer Halm
Non-photosynthetic fertile stem

Junger Sproß
Young shoot

Hülle aus Schuppenblättern
Collar of small brown leaves

Sproßbürtige Wurzeln
Adventitious root

Rhizom (Erdsproß)
Rhizome

Endodermis (innere Schicht der Rinde)
Endodermis

Epidermis (äußere Zellschicht)
Epidermis

Rinde (Schicht zwischen dem Abschluß- und Leitgewebe)
Cortex

Vallecularkanal (Längskanal)
Vallecular canal (longitudinal)

Leitgewebe
Vascular tissue

Sklerenchym (Festigungsgewebe)
Sclerenchyma

Assimilationsparenchym (photosynthetisierendes Gewebe)
Chlorenchyma (photosynthetic tissue)

Parenchym (Füllgewebe)
Parenchyma

Markhöhle
Hollow pith cavity

Carinalhöhle (Längskanal)
Carinal canal (longitudinal)

MIKROSKOPISCHE AUFNAHME DES QUERSCHNITTS EINES SCHACHTELHALMSPROSSES
MICROGRAPH OF CROSS-SECTION THROUGH HORSETAIL STEM

Spitze einer Fieder
Apex of pinnule

Blättchen einer Fieder
Pinnule

Sporangium (Sporenkapsel)
Sporangium (spore-producing structure)

Sporangium (Sporenkapsel)
Sporangium

Spore
Spore

Ring (Zellring um die Sporenkapsel)
Dehiscent annulus (ring of cells around sporangium)

ENTWICKLUNGSZYKLUS EINES FARNS
LIFE-CYCLE OF FERN

Fieder 2. Ordnung
Pinna

Fieder 1. Ordnung
Pinnule

Wedel (Blatt)
Frond

Sporen in einer aufgesprungenen Sporenkapsel
Spore inside dehisced

Eingerollter, junger Wedel
Rolled immature frond

Rhizom (Erdsproß)
Rhizome

Unterseite eines Fiederblättchens
Abaxial surface of pinnule

Mittelrippe eines Fiederblättchens
Midrib of pinnule

Sorus (Gruppe von Sporenkapseln)
Sorus

SPORENPFLANZE
SPOROPHYTE

„Fiederchen" (Blättchen der Wedel)
Pinnule

Blattgewebehöcker
Placenta

Schleier (Häutchen, welches die Sori schützt)
Indusium

Sorus (Gruppe von Sporenkapseln)
Sorus

Spitze eines Wedels (Blatt)
Apex of frond

Mittelrippe eines Fiederblättchens
Midrib of pinnule

MIKROSKOPISCHE AUFNAHME DER UNTERSEITE EINER FERTILEN FIEDER
MICROGRAPH OF LOWER SURFACE OF FERTILE PINNULE

MIKROSKOPISCHE AUFNAHME VON SPORENKAPSELN AUF DER UNTERSEITE EINES FERTILEN FIEDERBLÄTTCHENS
MICROGRAPH OF SPORANGIA ON LOWER SURFACE OF FERTILE PINNULE

Sporangium (Sporenkapsel)
Sporangium

SCHNITTDARSTELLUNG EINES AUSGEWACHSENEN WEDELS
SECTION THROUGH MATURE PINNULE

SPORENBILDUNG IM FARN Adlerfarn
SPORE PRODUCTION IN FERNS Bracken
(PTERIDIUM AQUILINUM)

Mittelrippe einer Fieder (Blättchen)
Midrib of pinna

Ring bricht am schwächsten Punkt
Annulus ruptures at weak point

Sporenkapsel reißt auf und entläßt die Sporen
Sporangium splits and releases spores

FREISETZUNG DER SPOREN AUS DEM SPORENBEHÄLTER
RELEASE OF SPORES FROM SPORANGIUM

Fieder (Blättchen)
Pinna

Spore
Spore

Faden entwickelt sich zum Vorkeim
Filament develops into prothallus

Rhizoid (Wurzelhaar)
Rhizoid

KEIMUNG DER SPORE
GERMINATION OF SPORE

Fiederchen (Blättchen eines Wedels)
Pinnule

Antheridium (männliches Geschlechtsorgan)
Antheridium

Archegonium (weibliches Geschlechtsorgan)
Archegonium

Wedel (Blatt)
Frond

Vorkeim
Prothallus

Rhizoid (Wurzelhaar)
Rhizoid

FARN Wurmfarn
FERN Male fern
(DRYOPTERIS FILIX-MAS)

Junger Wedel (Blatt)
Young frond

Eingerollter, von Spreuschuppen bedeckter junger Wedel (Blatt)
Young frond covered by ramenta

PROTHALLIUM (VORKEIM) BILDET KEIMZELLEN
GAMETOPHYTE PRODUCES GAMETES.

Blattspindel (Hauptachse eines Fiederblattes)
Rachis

Antheridium (männliches Geschlechtsorgan)
Antheridium

Oosphäre (Eizelle)
Oosphere (female gamete)

Sklerenchym (Festigungsgewebe)
Sclerenchyma

Basis alter, abgestorbener Wedel (Blätter)
Base of old dead frond

Spreuschuppen (braune Schuppenhaare)
Ramentum (brown scale)

Leitbündel
Vascular bundle

Phloem (Siebteil)
Phloem

Leitgewebe
Vascular tissue

Rhizom (Erdsproß)
Rhizome

Antheridium (männliches Geschlechtsorgan)
Antheridium

Archegonium (weibliches Geschlechtsorgan)
Archegonium

Xylem (Holzteil)
Xylem

Antherozoid (männliche Keimzelle) schwimmt zur Eizelle
Antherozoid

BEFRUCHTUNG
FERTILIZATION

Epidermis (äußere Zellschicht)
Epidermis

Parenchym (Grundgewebe)
Parenchyma

Sproßbürtige Wurzel
Adventitious roots

Primärblatt der sich entwickelnden Farnpflanze
Primary leaf of growing sporophyte

Rest des Vorkeims
Remains of gametophyte

MIKROSKOPISCHE AUFNAHME EINES QUERSCHNITTS DURCH EINE FARNBLATTSPINDEL
MICROGRAPH OF CROSS-SECTION THROUGH FERN RACHIS

DIE BEFRUCHTETE EIZELLE WÄCHST ZU EINER NEUEN FARNPFLANZE HERAN
FERTILIZED OOSPHERE GROWS INTO NEW SPOROPHYTE PLANT

NACKTSAMER (GYMNOSPERMAE) 1 / *GYMNOSPERMS 1*

Die Gymnospermen umfassen vier verwandte Gruppen samenbildender Pflanzen (Spermatophyta). Im Unterschied zu den Blütenpflanzen fehlt ihren Samen eine schützende, äußere Abdeckung. Vorwiegend sind die Gymnospermen holzige, ausdauernde Sträucher oder Bäume, die mit Sprossen, Blättern und Wurzeln sowie einem hochentwickelten Leitgewebesystem ausgestattet sind. Die Fortpflanzungsorgane der meisten Gymnospermen sind Zapfen. Die männlichen Zapfen bilden Mikrosporen, die weiblichen Megasporen, in denen sich die Gameten entwickeln. Der Wind trägt die Mikrosporen zu den weiblichen Zapfen. Dort verschmelzen die männlichen und weiblichen Keimzellen während der Befruchtung, und ein neuer Same kann entstehen. Die vier Abteilungen der Gymnospermen sind die Nadelhölzer (Coniferophyta), die Palmfarne (Cycadophyta), die Ginkgogewächse (Ginkgophyta) und die Gnetophyten (Gnetophyta). Der Ginkgo oder Fächerblattbaum ist ein großer Baum mit zweilappigen Blättern. Die Gruppe der Gnetophyten ist sehr vielfältig. Neben Sträuchern gehört hierzu auch die waagrecht wachsende Welwitschie.

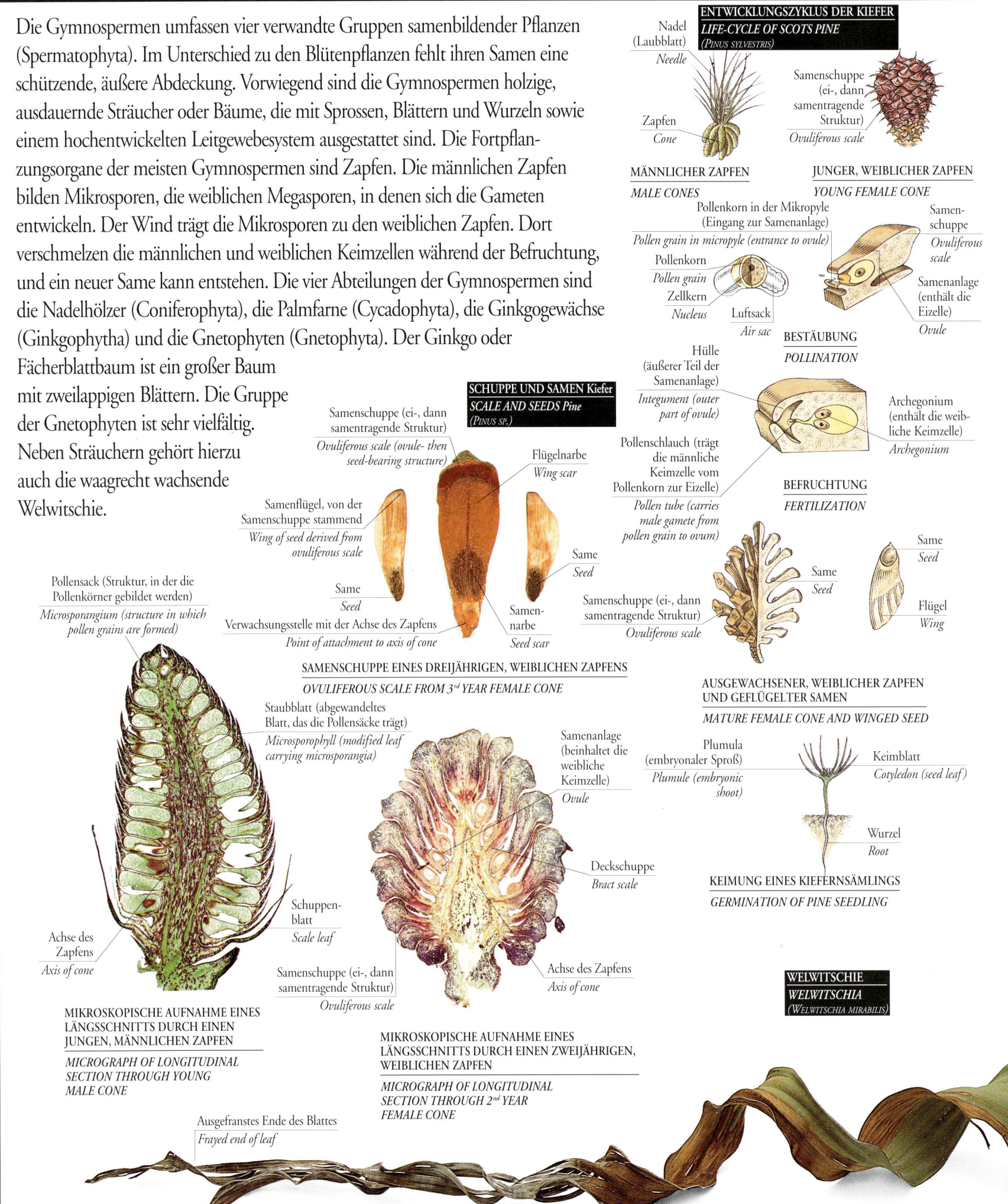

ENTWICKLUNGSZYKLUS DER KIEFER
LIFE-CYCLE OF SCOTS PINE
(PINUS SYLVESTRIS)

Nadel (Laubblatt) / *Needle*

Zapfen / *Cone*

Samenschuppe (ei-, dann samentragende Struktur) / *Ovuliferous scale*

MÄNNLICHER ZAPFEN / *MALE CONES*

JUNGER, WEIBLICHER ZAPFEN / *YOUNG FEMALE CONE*

Pollenkorn in der Mikropyle (Eingang zur Samenanlage) / *Pollen grain in micropyle (entrance to ovule)*

Pollenkorn / *Pollen grain*

Zellkern / *Nucleus*

Luftsack / *Air sac*

Samenschuppe / *Ovuliferous scale*

Samenanlage (enthält die Eizelle) / *Ovule*

BESTÄUBUNG / *POLLINATION*

Hülle (äußerer Teil der Samenanlage) / *Integument (outer part of ovule)*

Archegonium (enthält die weibliche Keimzelle) / *Archegonium*

Pollenschlauch (trägt die männliche Keimzelle vom Pollenkorn zur Eizelle) / *Pollen tube (carries male gamete from pollen grain to ovum)*

BEFRUCHTUNG / *FERTILIZATION*

SCHUPPE UND SAMEN Kiefer
SCALE AND SEEDS Pine
(PINUS SP.)

Samenschuppe (ei-, dann samentragende Struktur) / *Ovuliferous scale (ovule- then seed-bearing structure)*

Flügelnarbe / *Wing scar*

Samenflügel, von der Samenschuppe stammend / *Wing of seed derived from ovuliferous scale*

Same / *Seed*

Same / *Seed*

Verwachsungsstelle mit der Achse des Zapfens / *Point of attachment to axis of cone*

Samennarbe / *Seed scar*

SAMENSCHUPPE EINES DREIJÄHRIGEN, WEIBLICHEN ZAPFENS
OVULIFEROUS SCALE FROM 3rd YEAR FEMALE CONE

Same / *Seed*

Same / *Seed*

Samenschuppe (ei-, dann samentragende Struktur) / *Ovuliferous scale*

Same / *Seed*

Flügel / *Wing*

AUSGEWACHSENER, WEIBLICHER ZAPFEN UND GEFLÜGELTER SAMEN
MATURE FEMALE CONE AND WINGED SEED

Pollensack (Struktur, in der die Pollenkörner gebildet werden) / *Microsporangium (structure in which pollen grains are formed)*

Staubblatt (abgewandeltes Blatt, das die Pollensäcke trägt) / *Microsporophyll (modified leaf carrying microsporangia)*

Samenanlage (beinhaltet die weibliche Keimzelle) / *Ovule*

Plumula (embryonaler Sproß) / *Plumule (embryonic shoot)*

Keimblatt / *Cotyledon (seed leaf)*

Wurzel / *Root*

KEIMUNG EINES KIEFERNSÄMLINGS
GERMINATION OF PINE SEEDLING

Schuppenblatt / *Scale leaf*

Achse des Zapfens / *Axis of cone*

Achse des Zapfens / *Axis of cone*

Deckschuppe / *Bract scale*

Samenschuppe (ei-, dann samentragende Struktur) / *Ovuliferous scale*

MIKROSKOPISCHE AUFNAHME EINES LÄNGSSCHNITTS DURCH EINEN JUNGEN, MÄNNLICHEN ZAPFEN
MICROGRAPH OF LONGITUDINAL SECTION THROUGH YOUNG MALE CONE

MIKROSKOPISCHE AUFNAHME EINES LÄNGSSCHNITTS DURCH EINEN ZWEIJÄHRIGEN, WEIBLICHEN ZAPFEN
MICROGRAPH OF LONGITUDINAL SECTION THROUGH 2nd YEAR FEMALE CONE

WELWITSCHIE
WELWITSCHIA
(WELWITSCHIA MIRABILIS)

Ausgefranstes Ende des Blattes / *Frayed end of leaf*

GLATTE ARIZONA-ZYPRESSE
SMOOTH CYPRESS
(CUPRESSUS GLABRA)

Junger, weiblicher Zapfen
Immature female cone

Samenschuppe (ei-, dann samentragende Struktur)
Ovuliferous scale

Aus-gewachsener, weiblicher Zapfen
Mature female cone

Sproß
Stem

Samenschuppe
Ovuliferous scale

Samenanlage (enthält die weibliche Keimzelle)
Ovule (contains female gamete)

SCHNITTDARSTELLUNG EINES JUNGEN ZAPFENS

CROSS-SECTION THROUGH IMMATURE CONE

Same
Seed

Samenschuppe (ei-, dann samentragende Struktur)
Ovuliferous scale

Schuppen-förmiges Blatt
Scale-like leaf

QUERSCHNITT DURCH EINEN AUSGEWACHSENEN ZAPFEN

CROSS-SECTION THROUGH MATURE CONE

Junger, männlicher Zapfen
Immature male cone

Holzige Schuppe
Woody scale

Öffnung zwischen den verholzten Schuppen, durch welche die Samen freigesetzt werden
Opening between woody scales through which seeds are released

ABGEFALLENER ZAPFEN

DISCARDED CONE

Einzelne Samenanlage (enthält die weibliche Keimzelle)
Single ovule

Schuppe
Scale

Sich ent-wickelnder Same
Developing seed

Schuppe
Scale

Schuppe
Scale

WEIBLICHER „ZAPFEN" IN UNTERSCHIEDLICHEN ENTWICKLUNGSSTUFEN

FEMALE CONES AT VARIOUS STAGES OF DEVELOPMENT

EIBE
YEW
(TAXUS BACCATA)

Same
Seed

Aryllus (fleischiger Auswuchs aus dem Samen)
Aril (fleshy outgrowth from seed)

Sproß
Stem

Nadel (Laubblatt)
Needle (foliage leaf)

CYCADEE Palmfarn
CYCAD Sago palm
(CYCAS REVOLUTA)

Fieder (Blättchen)
Pinna

Fiederblatt
Pinnate leaf

Schuppen-blatt
Scale leaf

Beständig wachsendes Blatt
Continuously growing leaf

Alte Blattbasis
Old leaf base

Mit Schuppenblättern bedeckter Sproß
Stem covered by scale leaves

FÄCHERBLATTBAUM
MAIDENHAIR TREE
(GINKGO BILOBA)

Austriebsbereich mit Blattnarben
Girdle scar

Sproß
Stem

Blattstiel
Petiole (leaf stalk)

Zweilappiges Blatt
Bilobed leaf

Bereich der Zapfenbildung
Site of cone growth

Blattoberseite
Adaxial (upper) surface of leaf

Blattunterseite
Abaxial (lower) surface of leaf

Ausgefranstes Ende des Blattes
Frayed end of leaf

Junger Zapfen
Immature cone

Stielnarbe
Stalk scar

Holziger Stamm
Woody stem

ZWEIG EINER BISCHOFSKIEFER
BRANCH OF BISHOP PINE
(PINUS MURICATA)

Nadel (Laubblatt)
Needle

Samenschuppe (ei-, dann
samentragende Struktur)
Ovuliferous scale

Knospen-
schuppe
Bud scale

Zapfen
Cone

Zapfenstiel
Stalk

Sproß
Stem

Kurztrieb
Dwarf shoot

Schuppenblattnarbe
Scale leaf scar

WEIBLICHER ZAPFEN (1. JAHR)
FEMALE CONE (1ST YEAR)

Zweijähriger, weiblicher Zapfen
2nd year female cone

Samenschuppe
(ei-, dann samentragende Struktur)
Ovuliferous scale

Spitzenknospe
Apical bud

Sproß
Stem

Kurztrieb
Dwarf shoot

Nadel (Laubblatt)
Needle

Männlicher
Zapfen
Male cone

Narbe eines Kurztriebs
Scar of dwarf shoot

SPITZENBEREICH EINES ZWEIGES
TERMINAL ZONE OF BRANCH

Oberseite einer Nadel (Laubblatt)
Upper surface of needle

Rand einer Nadel
(Laubblatt)
Margin of needle

Nadel
(Laubblatt)
Needle

Spitzenknospe
Apical bud

Sproß
Stem

Kurztrieb
Dwarf shoot

Spaltöffnung
Stoma

MIKROSKOPISCHE AUFNAHME EINES NADELQUERSCHNITTS
MICROGRAPH OF CROSS-SECTION THROUGH NEEDLE

Leitgewebe
Vascular tissue

Assimilationsparenchym
(photosynthetisierendes Gewebe)
Mesophyll

Phloem
(Siebteil)
Phloem

Xylem (Holzteil)
Xylem

Epidermis
(äußere
Zellschicht)
Epidermis

Weiblicher
Zapfen
*Female
cone*

Holzige Samenschuppe
(ei-, dann samentragende
Struktur)
Woody ovuliferous scale

Spaltöffnung
Stoma

Kutikula
(Verdunstungs-
schutzschicht)
Cuticle

Gewebescheide (innere Schicht der Rinde)
Endodermis

Harzkanal
Resin canal

WEIBLICHER ZAPFEN (3. JAHR)
FEMALE CONE (3RD YEAR)

**MIKROSKOPISCHE AUFNAHME
EINER KIEFERNNADEL**
MICROGRAPH OF PINE NEEDLE
(PINUS SP.)

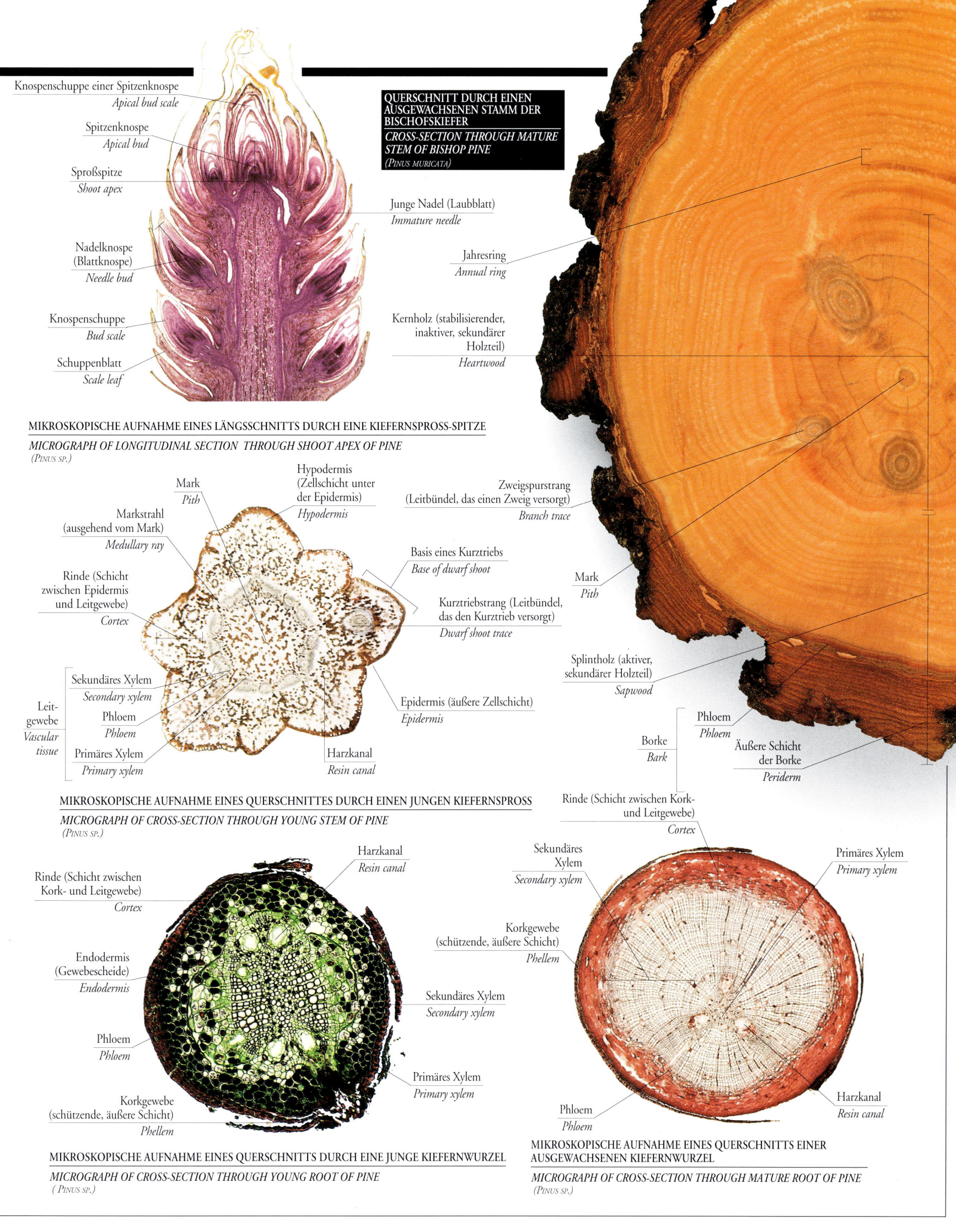

Knospenschuppe einer Spitzenknospe
Apical bud scale

Spitzenknospe
Apical bud

Sproßspitze
Shoot apex

Nadelknospe
(Blattknospe)
Needle bud

Knospenschuppe
Bud scale

Schuppenblatt
Scale leaf

QUERSCHNITT DURCH EINEN
AUSGEWACHSENEN STAMM DER
BISCHOFSKIEFER
*CROSS-SECTION THROUGH MATURE
STEM OF BISHOP PINE*
(PINUS MURICATA)

Junge Nadel (Laubblatt)
Immature needle

Jahresring
Annual ring

Kernholz (stabilisierender,
inaktiver, sekundärer
Holzteil)
Heartwood

MIKROSKOPISCHE AUFNAHME EINES LÄNGSSCHNITTS DURCH EINE KIEFERNSPROSS-SPITZE
MICROGRAPH OF LONGITUDINAL SECTION THROUGH SHOOT APEX OF PINE
(PINUS SP.)

Mark
Pith

Hypodermis
(Zellschicht unter
der Epidermis)
Hypodermis

Markstrahl
(ausgehend vom Mark)
Medullary ray

Zweigspurstrang
(Leitbündel, das einen Zweig versorgt)
Branch trace

Rinde (Schicht
zwischen Epidermis
und Leitgewebe)
Cortex

Basis eines Kurztriebs
Base of dwarf shoot

Kurztriebstrang (Leitbündel,
das den Kurztrieb versorgt)
Dwarf shoot trace

Mark
Pith

Leit-
gewebe
*Vascular
tissue*

Sekundäres Xylem
Secondary xylem

Phloem
Phloem

Primäres Xylem
Primary xylem

Epidermis (äußere Zellschicht)
Epidermis

Harzkanal
Resin canal

Splintholz (aktiver,
sekundärer Holzteil)
Sapwood

Borke
Bark

Phloem
Phloem

Äußere Schicht
der Borke
Periderm

MIKROSKOPISCHE AUFNAHME EINES QUERSCHNITTES DURCH EINEN JUNGEN KIEFERNSPROSS
MICROGRAPH OF CROSS-SECTION THROUGH YOUNG STEM OF PINE
(PINUS SP.)

Harzkanal
Resin canal

Rinde (Schicht zwischen
Kork- und Leitgewebe)
Cortex

Rinde (Schicht zwischen Kork-
und Leitgewebe)
Cortex

Sekundäres
Xylem
Secondary xylem

Primäres Xylem
Primary xylem

Endodermis
(Gewebescheide)
Endodermis

Korkgewebe
(schützende, äußere Schicht)
Phellem

Sekundäres Xylem
Secondary xylem

Phloem
Phloem

Primäres Xylem
Primary xylem

Korkgewebe
(schützende, äußere Schicht)
Phellem

Phloem
Phloem

Harzkanal
Resin canal

MIKROSKOPISCHE AUFNAHME EINES QUERSCHNITTS DURCH EINE JUNGE KIEFERNWURZEL
MICROGRAPH OF CROSS-SECTION THROUGH YOUNG ROOT OF PINE
(PINUS SP.)

MIKROSKOPISCHE AUFNAHME EINES QUERSCHNITTS EINER
AUSGEWACHSENEN KIEFERNWURZEL
MICROGRAPH OF CROSS-SECTION THROUGH MATURE ROOT OF PINE
(PINUS SP.)

EINKEIM- UND ZWEIKEIMBLÄTTRIGE / *MONOCOTYLEDONS, DICOTYLEDONS*

Die Blütenpflanzen (Unterabteilung Angiospermae) werden in zwei Klassen eingeteilt: die einkeimblättrigen (Monocotyledoneae) und die zweikeimblättrigen (Dicotyledoneae) Pflanzen. Die Keimlinge der monokotylen Pflanzen haben nur ein Keimblatt. Ihre Blätter sind schmal mit einer parallelen Nervatur. Alle Teile der Blüten kommen in Vielfachen von drei vor. Die Kron- und Kelchblätter sind gleichartig und werden Perigonblätter genannt. Die Leitbündel sind über den ganzen Sproß verteilt. Diese Pflanzen sind meistens krautig, da es ihnen an Sproßkambium mangelt. Die Keimlinge der dikotylen Pflanzen besitzen hingegen zwei Keimblätter. Ihre breiten Blätter haben eine zentrale Mittelrippe und verzweigte Adern. Die Zahl der Blütenteile ist immer ein Vielfaches von fünf oder vier. Im allgemeinen sind die Kelchblätter klein und grün, die Kronblätter dagegen groß und farbenfroh. Die Leitbündel sind ringförmig am Rand des Sprosses angeordnet. Viele dikotyle Pflanzen besitzen auch holzbildendes Sproßkambium, so daß holzige wie auch krautige Formen auftreten.

VERGLEICH ZWISCHEN EIN- UND ZWEIKEIMBLÄTTRIGEN PFLANZEN
COMPARISONS BETWEEN MONOCOTYLEDONS AND DICOTYLEDONS

Blättchen
Leaflet

Nerv (parallele Nervatur)
Vein (parallel venation)

Blattstiel
Petiole

Sich entwickelndes Blatt
Emerging leaf

Blattgrund
Leaf base

EINE EINKEIMBLÄTTRIGE PFLANZE Kentiapalme
MONOCOTYLEDON Paradise palm
(*HOWEA FORSTERIANA*)

Sproßbürtige Wurzeln
Adventitious roots

SCHNITT DURCH DIE BLATTBASIS EINER MONOKOTOLYDONEN PFLANZE
CROSS-SECTION THROUGH MONOCOTYLEDONOUS LEAF BASES

Wasserspeicherndes Grundgewebe (Füllgewebe)
Water-absorbing parenchyma

Assimilationsparenchym (photosynthetisierendes Gewebe)
Mesophyll (photosynthetic tissue)

Xylem
Xylem

Phloem
Phloem

Leitgewebe
Vascular tissue

Nerv
Vein

Eingesenkte Spaltöffnung
Sunken stoma (pore)

Kutikula (Verdunstungsschutzschicht)
Cuticle (waterproof covering)

Sklerenchym
Sclerenchyma

Epidermis
Epidermis

MIKROSKOPISCHE AUFNAHME EINES QUERSCHNITTS DURCH EIN MONOKOTYLENBLATT
MICROGRAPH OF CROSS-SECTION THROUGH A MONOCOTYLEDONOUS LEAF Yucca
(*YUCCA SP.*)

Palisadenparenchym (dichtes, photosynthetisierendes Gewebe)
Palisade parenchyma (tightly packed photosynthetic tissue)

Kollenchym (Festigungsgewebe)
Collenchyma (supporting tissue)

Schwammparenchym (lockeres photosynthetisierendes Gewebe)
Spongy parenchyma (loosely packed photosynthetic tissue)

Ader
Vein

Epidermis (äußere Zellschicht)
Epidermis

Leitgewebe
Vascular tissue

Xylem
Phloem
Phloem

Parenchym (Füllgewebe)
Parenchyma

Mittelrippe / *Midrib*

MIKROSKOPISCHE AUFNAHME EINES QUERSCHNITTS DURCH EIN DIKOTYLENBLATT Apfel
MICROGRAPH OF CROSS-SECTION THROUGH A DICOTYLEDONOUS LEAF Crab apple
(*MALUS SP.*)

Äußeres Perigonblatt (monokotyles Kelchblatt)
Outer tepal (sepal)

Seitliches inneres Perigonblatt (monokotyles Kronblatt)
Lateral, inner tepal (petal)

Staubblatt
Stamen

Staubfaden
Filament

Staubbeutel
Anther

Narbe
Stigma

Säule (Staubblätter und Fruchtknoten)
Column formed by stamens and style

Pollen auf dem Staubbeutel
Pollen on anther

Führungstrichter für die Schnäbel der bestäubenden Vögel
Funnel guide for bird pollinators' beak

Haar
Guide hair

Die Lippe bildet die Anflugplattform für die Bestäuber
Labellum forming landing stage for pollinator

Kronblatt
Petal

EINE MONOKOTYLEDONENBLÜTE Nachtfalter-Orchidee
MONOCOTYLEDONOUS FLOWER Orchid
(*PHALÆNOPSIS SP.*)

EINE DIKOTYLEDONENBLÜTE Roseneibisch
DICOTYLEDONOUS FLOWER Hibiscus
(*HIBISCUS ROSA-SINENSIS*)

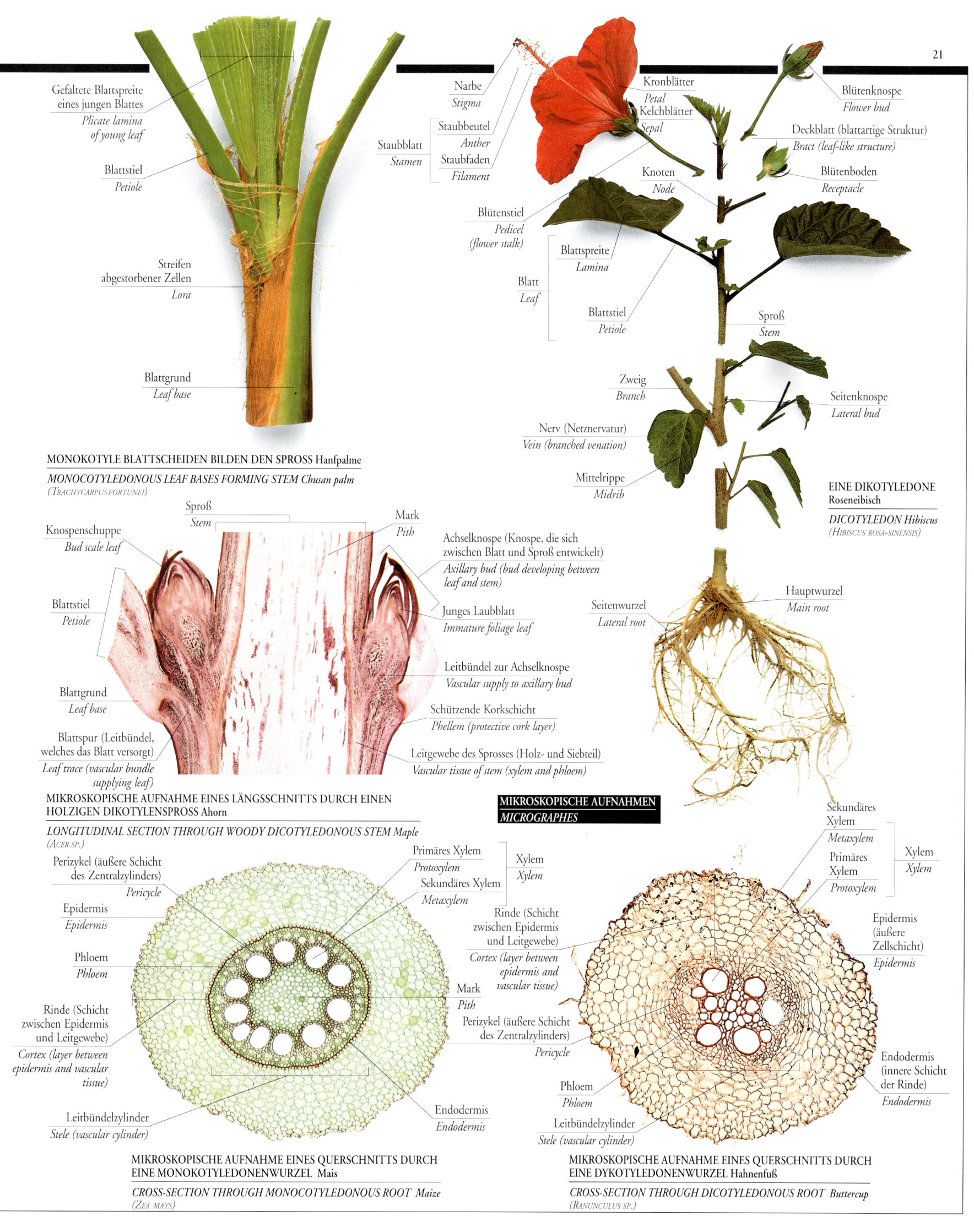

Narbe
Stigma

Kronblätter
Petal
Kelchblätter
Sepal

Blütenknospe
Flower bud

Staubbeutel
Anther

Staubblatt
Stamen

Staubfaden
Filament

Deckblatt (blattartige Struktur)
Bract (leaf-like structure)

Gefaltete Blattspreite
eines jungen Blattes
*Plicate lamina
of young leaf*

Knoten
Node

Blütenboden
Receptacle

Blattstiel
Petiole

Blütenstiel
*Pedicel
(flower stalk)*

Blattspreite
Lamina

Streifen
abgestorbener Zellen
Lora

Blatt
Leaf

Sproß
Stem

Blattstiel
Petiole

Zweig
Branch

Seitenknospe
Lateral bud

Blattgrund
Leaf base

Nerv (Netznervatur)
Vein (branched venation)

Mittelrippe
Midrib

EINE DIKOTYLEDONE
Roseneibisch

MONOKOTYLE BLATTSCHEIDEN BILDEN DEN SPROSS Hanfpalme

MONOCOTYLEDONOUS LEAF BASES FORMING STEM Chusan palm
(TRACHYCARPUS FORTUNEI)

DICOTYLEDON Hibiscus
(HIBISCUS ROSA-SINENSIS)

Sproß
Stem

Mark
Pith

Knospenschuppe
Bud scale leaf

Achselknospe (Knospe, die sich
zwischen Blatt und Sproß entwickelt)
*Axillary bud (bud developing between
leaf and stem)*

Blattstiel
Petiole

Junges Laubblatt
Immature foliage leaf

Hauptwurzel
Main root

Seitenwurzel
Lateral root

Blattgrund
Leaf base

Leitbündel zur Achselknospe
Vascular supply to axillary bud

Blattspur (Leitbündel,
welches das Blatt versorgt)
*Leaf trace (vascular bundle
supplying leaf)*

Schützende Korkschicht
Phellem (protective cork layer)

Leitgewebe des Sprosses (Holz- und Siebteil)
Vascular tissue of stem (xylem and phloem)

MIKROSKOPISCHE AUFNAHME EINES LÄNGSSCHNITTS DURCH EINEN
HOLZIGEN DIKOTYLENSPROSS Ahorn

MIKROSKOPISCHE AUFNAHMEN
MICROGRAPHES

Sekundäres
Xylem
Metaxylem

LONGITUDINAL SECTION THROUGH WOODY DICOTYLEDONOUS STEM Maple
(ACER SP.)

Primäres Xylem
Protoxylem
Sekundäres Xylem
Metaxylem

Xylem
Xylem

Primäres
Xylem
Protoxylem

Xylem
Xylem

Perizykel (äußere Schicht
des Zentralzylinders)
Pericycle

Rinde (Schicht
zwischen Epidermis
und Leitgewebe)
*Cortex (layer between
epidermis and
vascular tissue)*

Epidermis
(äußere
Zellschicht)
Epidermis

Epidermis
Epidermis

Phloem
Phloem

Mark
Pith

Rinde (Schicht
zwischen Epidermis
und Leitgewebe)
*Cortex (layer between
epidermis and vascular
tissue)*

Perizykel (äußere Schicht
des Zentralzylinders)
Pericycle

Endodermis
(innere Schicht
der Rinde)
Endodermis

Phloem
Phloem

Leitbündelzylinder
Stele (vascular cylinder)

Endodermis
Endodermis

Phloem
Phloem

Leitbündelzylinder
Stele (vascular cylinder)

MIKROSKOPISCHE AUFNAHME EINES QUERSCHNITTS DURCH
EINE MONOKOTYLEDONENWURZEL Mais

CROSS-SECTION THROUGH MONOCOTYLEDONOUS ROOT Maize
(ZEA MAYS)

MIKROSKOPISCHE AUFNAHME EINES QUERSCHNITTS DURCH
EINE DYKOTYLEDONENWURZEL Hahnenfuß

CROSS-SECTION THROUGH DICOTYLEDONOUS ROOT Buttercup
(RANUNCULUS SP.)

KRAUTIGE BLÜTENPFLANZEN / *HERBACEOUS FLOWERING PLANTS*

Die krautigen Blütenpflanzen zeichnen sich durch grüne, nicht verholzte Sprosse aus. Viele krautige Pflanzen leben nur ein oder zwei Jahre. Die einjährigen Pflanzen (z.B. Wicken) keimen, wachsen und fruchten innerhalb eines Jahres. Die zweijährigen Pflanzen (z.B. Möhren) entwickeln sich aus Samen zu neuen Pflanzen, die Reserven in unterirdischen Speicherorganen anlegen. Im zweiten Jahr bilden sich aus diesen Speicherorganen neue Blätter, Blüten und Früchte. Danach stirbt die Pflanze ab. Einige krautige Pflanzen sind mehrjährig (z.B. Kartoffeln). Jedes Jahr entwickeln sie aus unterirdischen Knollen oder Rhizomen Sprosse und Blüten. Der oberirdische Teil stirbt jährlich ab; die unterirdischen Teile der Pflanze überwintern.

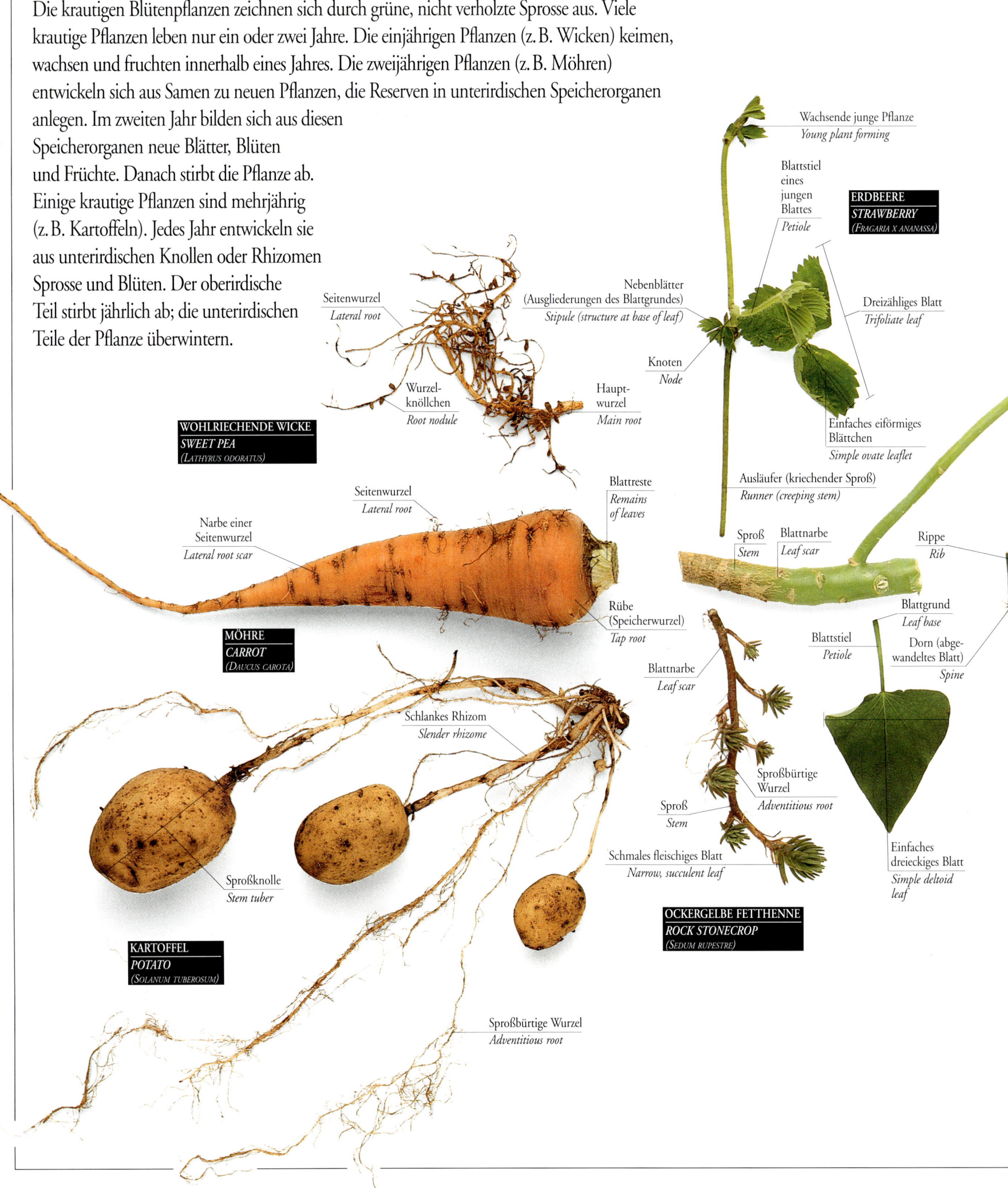

Wachsende junge Pflanze
Young plant forming

Blattstiel eines jungen Blattes
Petiole

ERDBEERE
STRAWBERRY
(FRAGARIA X ANANASSA)

Seitenwurzel
Lateral root

Nebenblätter (Ausgliederungen des Blattgrundes)
Stipule (structure at base of leaf)

Dreizähliges Blatt
Trifoliate leaf

Wurzel-knöllchen
Root nodule

Haupt-wurzel
Main root

Knoten
Node

Einfaches eiförmiges Blättchen
Simple ovate leaflet

WOHLRIECHENDE WICKE
SWEET PEA
(LATHYRUS ODORATUS)

Seitenwurzel
Lateral root

Blattreste
Remains of leaves

Ausläufer (kriechender Sproß)
Runner (creeping stem)

Narbe einer Seitenwurzel
Lateral root scar

Sproß
Stem

Blattnarbe
Leaf scar

Rippe
Rib

Rübe (Speicherwurzel)
Tap root

MÖHRE
CARROT
(DAUCUS CAROTA)

Blattgrund
Leaf base

Blattstiel
Petiole

Dorn (abge-wandeltes Blatt)
Spine

Blattnarbe
Leaf scar

Schlankes Rhizom
Slender rhizome

Sproßbürtige Wurzel
Adventitious root

Sproß
Stem

Sproßknolle
Stem tuber

Schmales fleischiges Blatt
Narrow, succulent leaf

Einfaches dreieckiges Blatt
Simple deltoid leaf

OCKERGELBE FETTHENNE
ROCK STONECROP
(SEDUM RUPESTRE)

KARTOFFEL
POTATO
(SOLANUM TUBEROSUM)

Sproßbürtige Wurzel
Adventitious root

TEILE KRAUTIGER BLÜTENPFLANZEN
PARTS OF HERBACEOUS FLOWERING PLANTS

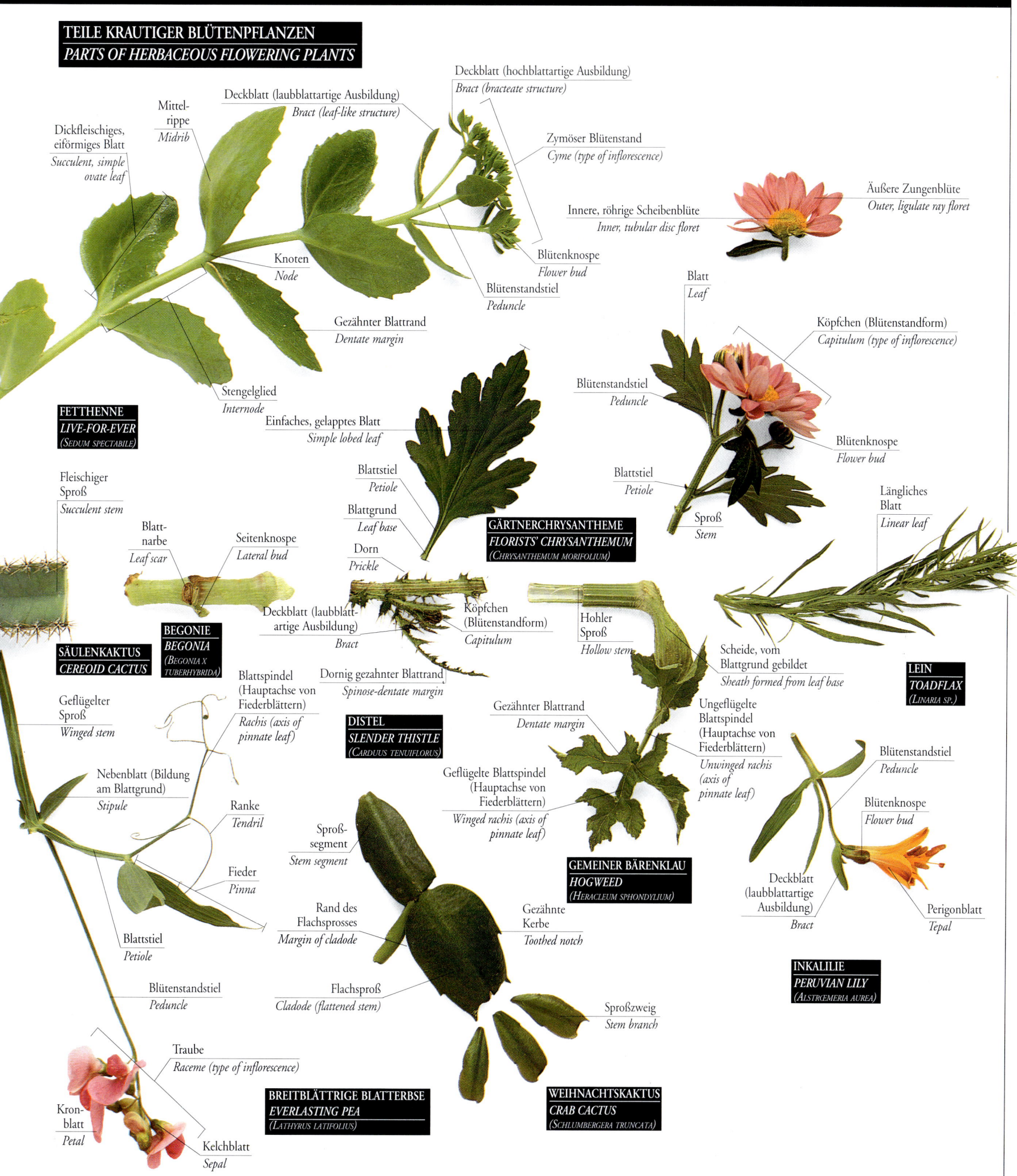

Dickfleischiges, eiförmiges Blatt
Succulent, simple ovate leaf

Mittelrippe
Midrib

Deckblatt (laubblattartige Ausbildung)
Bract (leaf-like structure)

Deckblatt (hochblattartige Ausbildung)
Bract (bracteate structure)

Zymöser Blütenstand
Cyme (type of inflorescence)

Äußere Zungenblüte
Outer, ligulate ray floret

Innere, röhrige Scheibenblüte
Inner, tubular disc floret

Knoten
Node

Blütenknospe
Flower bud

Blütenstandstiel
Peduncle

Gezähnter Blattrand
Dentate margin

Blatt
Leaf

Köpfchen (Blütenstandform)
Capitulum (type of inflorescence)

Blütenstandstiel
Peduncle

Stengelglied
Internode

Blütenknospe
Flower bud

FETTHENNE
LIVE-FOR-EVER
(SEDUM SPECTABILE)

Einfaches, gelapptes Blatt
Simple lobed leaf

Blattstiel
Petiole

Blattgrund
Leaf base

Dorn
Prickle

Blattstiel
Petiole

Sproß
Stem

Längliches Blatt
Linear leaf

Fleischiger Sproß
Succulent stem

Blattnarbe
Leaf scar

Seitenknospe
Lateral bud

GÄRTNERCHRYSANTHEME
FLORISTS' CHRYSANTHEMUM
(CHRYSANTHEMUM MORIFOLIUM)

BEGONIE
BEGONIA
(BEGONIA X TUBERHYBRIDA)

Deckblatt (laubblattartige Ausbildung)
Bract

Köpfchen (Blütenstandform)
Capitulum

Hohler Sproß
Hollow stem

Scheide, vom Blattgrund gebildet
Sheath formed from leaf base

LEIN
TOADFLAX
(LINARIA SP.)

SÄULENKAKTUS
CEREOID CACTUS

Geflügelter Sproß
Winged stem

Blattspindel (Hauptachse von Fiederblättern)
Rachis (axis of pinnate leaf)

Dornig gezähnter Blattrand
Spinose-dentate margin

Gezähnter Blattrand
Dentate margin

Ungeflügelte Blattspindel (Hauptachse von Fiederblättern)
Unwinged rachis (axis of pinnate leaf)

Blütenstandstiel
Peduncle

Nebenblatt (Bildung am Blattgrund)
Stipule

Ranke
Tendril

DISTEL
SLENDER THISTLE
(CARDUUS TENUIFLORUS)

Geflügelte Blattspindel (Hauptachse von Fiederblättern)
Winged rachis (axis of pinnate leaf)

Blütenknospe
Flower bud

Fieder
Pinna

Sproßsegment
Stem segment

Blattstiel
Petiole

Rand des Flachsprosses
Margin of cladode

Gezähnte Kerbe
Toothed notch

GEMEINER BÄRENKLAU
HOGWEED
(HERACLEUM SPHONDYLIUM)

Deckblatt (laubblattartige Ausbildung)
Bract

Perigonblatt
Tepal

Blütenstandstiel
Peduncle

Flachsproß
Cladode (flattened stem)

INKALILIE
PERUVIAN LILY
(ALSTRŒMERIA AUREA)

Traube
Raceme (type of inflorescence)

Sproßzweig
Stem branch

Kronblatt
Petal

Kelchblatt
Sepal

BREITBLÄTTRIGE BLATTERBSE
EVERLASTING PEA
(LATHYRUS LATIFOLIUS)

WEIHNACHTSKAKTUS
CRAB CACTUS
(SCHLUMBERGERA TRUNCATA)

HOLZIGE BLÜTENPFLANZEN / *WOODY FLOWERING PLANTS*

Die holzigen Blütenpflanzen sind mehrjährig. Sie haben zahlreiche kleinere Zweige und einen oder mehrere dauerhafte Äste über der Erde. Die Äste und Zweige besitzen zur Stabilisierung einen verholzten Kern und Leitgewebe, das Wasser und Mineralstoffe transportiert. Außerhalb des Holzkerns befindet sich die rauhe, schützende Borke, die über Lentizellen (winzige Öffnungen) den Gasaustausch gewährleistet. Die holzigen Blütenpflanzen weisen verschiedene Wuchsformen auf: Sträucher mit mehreren Leitästen aus dem Wurzelstock; Büsche, d. h. Sträucher mit dichter Belaubung und Verzweigung, sowie Bäume, die einen einzigen, aufrechten Stamm besitzen, der die Äste trägt. Die sommergrünen Holzpflanzen (z. B. Rosen) werfen ihr Laub jährlich ab und überdauern den Winter unbelaubt. Die immergrünen Holzpflanzen (z. B. Efeu) verlieren ihre Blätter vereinzelt im Laufe der Jahre und sind deshalb das ganze Jahr belaubt.

Gefiedertes, zusammengesetztes Blatt
Pinnate compound leaf

Einfaches, ungeteiltes Blatt
Simple entire leaf

Gezähnter Rand
Dentate margin

Sammelsteinfrucht
Aggregate fruit (succulent fruit)

Ranke
Tendril

BROMBEERE
BRAMBLE
(RUBUS FRUTICOSUS)

Zusammengesetztes, dreizähliges Blatt
Trifoliate compound leaf

Hauptwurzel
Main root

Blattspindel
Rachis

Blattstiel
Petiole

Stachel
Prickle

Fiederblatt
Leaflet

SCHWARZE MAULBEERE
COMMON MULBERRY
(MORUS NIGRA)

WALDREBE
CLEMATIS
(CLEMATIS MONTANA)

EBERESCHE
ROWAN
(SORBUS AUCUPARIA)

Stengelglied
Internode

Stachel
Prickle

Lentizelle (Öffnung)
Lenticel (pore)

Blattnarbe
Leaf scar

Sproß
Stem

HANFPALME
CHUSAN PALM
(TRACHYCARPUS FORTUNEI)

Knoten
Node

Knoten
Node

ROSE
ROSE
(ROSA SP.)

HOLUNDER
ELDER
(SAMBUCUS NIGRA)

Seitenwurzel
Lateral root

GEMEINE ROSSKASTANIE
COMMON HORSE CHESTNUT
(ÆSCULUS HIPPOCASTANUM)

Blattstiel
Petiole

Seitenknospe
Lateral bud

Ruhende Knospe
Dormant bud

Austriebsnarbe
Ring scar

Blattnarbe
Leaf scar

Blattstiel
Petiole

Oberseite der Blattspreite
Adaxial (upper) surface of lamina

Blattstiel
Petiole

Einfaches, handförmig geteiltes Blatt
Simple palmate leaf

Streifen abgestorbener Zellen
Lora

Blättchen
Leaflet

Endknospe
Terminal bud

Dreizähliger Blattdorn (abgewandeltes Blatt)
Triple spine (modified leaf)

GEMEINE ROSSKASTANIE
COMMON HORSE CHESTNUT
(ÆSCULUS HIPPOCASTANUM)

Ranke
Tendril

PASSIONSBLUME
PASSION FLOWER
(PASSIFLORA CAERULEA)

Zusammengesetztes, handförmiges Blatt
Palmate compound leaf

Nebenblatt (Bildung an der Basis der Ranke)
Stipule (structure at base of tendril)

HANFPALME
CHUSAN PALM
(TRACHYCARPUS FORTUNEI)

Einfaches, gelapptes, verkehrt eiförmiges Blatt
Simple lobed obovate leaf

Gefiedertes, zusammengesetztes Blatt
Pinnate compound leaf

Dorn
Spine

Fieder
Pinna

MAHONIE
MAHONIA
(MAHONIA LOMARIIFOLIA)

Bunte Blattspreite
Variegated lamina

Sproßbürtige Wurzel
Adventitious root

GEMEINER EFEU
COMMON ENGLISH IVY
(HEDERA HELIX)

TRAUBENEICHE
DURMAST OAK
(QUERCUS PETRAEA)

Mittelrippe
Midrib

Reste der Deckblätter
Remains of bracts

Nuß (Trockenfrucht)
Nut (dry fruit)

Junge Eichel
Immature acorn

Blütenstiel
Pedicel

Achselknospe
Axillary bud

Beere (Saftfrucht)
Pome (succulent fruit)

Rest eines Griffels
Remains of style

Blütenstandstiel
Peduncle

EBERESCHE
ROWAN
(SORBUS AUCUPARIA)

Knoten
Node

BAMBUS
BAMBOO
(ARUNDINARIA NITIDA)

Halm (gegliederter Sproß)
Culm (jointed stem)

Sproß
Stem

Oberseite der Blattspreite (Blatt)
Adaxial (upper) surface of lamina

Blattstiel
Petiole

Nerv
Vein

BAUMMALVE
TREE MALLOW
(LAVATERA ARBOREA)

Sproß
Stem

Blatt
Leaf

Blütenstiel
Pedicel

Flügel
Wing

Spaltfrucht (geflügelte Trockenfrucht)
Double samara (winged dry fruit)

Fruchtwand (umgibt den Samen)
Pericarp enclosing seed

Dreizählige Blattdorne
Triple spine

BERGAHORN
SYCAMORE
(ACER PSEUDOPLATANUS)

BERBERITZE
BARBERRY
(BERBERIS SP.)

TEILE HOLZIGER BLÜTENPFLANZEN
PARTS OF WOODY FLOWERING PLANTS

Blütenknospe
Flower bud

Kelchblatt
Sepal

Blütenboden
Receptacle

Deckblatt
Bract

Nebenblatt
Stipule (structure at base of leaf)

ROSE
ROSE
(ROSA SP.)

Blütenstiel
Pedicel

Staubblatt
Stamen

Kronblatt
Petal

Kelchblatt
Sepal

Fruchtknoten
Ovary

ROSE
ROSE
(ROSA SP.)

Fieder
Leaflet

Seitenknospe
Lateral bud

Austriebsnarbe
Ring scar

EBERESCHE
ROWAN
(SORBUS AUCUPARIA)

Sproß
Stem

Blattstiel
Petiole

Einfaches, lanzettliches Blatt
Simple lanceolate leaf

Blattstiel
Petiole

Kronblatt
Petal

Blütenknospe
Flower bud

Blütenstiel
Pedicel

WALDREBE
CLEMATIS
(CLEMATIS SP.)

Blütenstandstiel
Peduncle

Steinfrucht (Saftfrucht)
Drupe (succulent fruit)

PFIRSICH
PEACH
(PRUNUS PERSICA)

Zusammengesetzter Blütenstand (Rispe)
Panicle (compound inflorescence)

Blütenstandstiel
Peduncle

Blütenstiel
Pedicel

KNÖTERICH
RUSSIAN VINE
(POLYGONUM BALDSCHUANICUM)

WURZELN / *ROOTS*

Wurzeln sind die unterirdischen Teile der Pflanze. Sie haben drei wichtige Aufgaben: Sie verankern die Pflanze im Boden und nehmen Wasser und Mineralstoffe aus den Räumen zwischen den Bodenteilchen auf und sind Teil des pflanzlichen Transportsystems. Ihre Aufnahmefähigkeit wird durch feine Wurzelhaare unterstützt. Im Holzteil, dem Xylem, werden Wasser und Mineralstoffe von der Wurzel zum Sproß und zu den Blättern befördert. Im Siebteil, dem Phloem, werden Nährstoffe von den Blättern zu allen Teilen des Wurzelsystems geleitet. Einige Wurzeln dienen auch als Reservespeicher (z. B. Möhren). Die Wurzeln besitzen eine Epidermis, welche die Rinde aus Parenchym und den Leitbündelzylinder umgibt. Dank dieser Anordnung können die Wurzeln den sie umgebenden Boden beim Wachstum verdrängen.

Keimblatt
Cotyledon (seed leaf)

Primärwurzel
Primary root

Riß in der Samenschale bei der Keimung des Samens
Split in testa as seed germinates

Testa (Samenschale)
Testa (seed coat)

Wurzelhaar
Root hair

KOHL
CABBAGE
(*BRASSICA SP.*)

Mikroskopische Aufnahme der Primärwurzel-entwicklung
Micrograph of primary root development

Wurzelspitze (Bereich der Zellteilung)
Root tip (region of cell division)

MÖHRE
CARROT
(*DAUCUS CAROTA*)

Perizykel (äußere Zellschicht des Leitbündels)
Pericycle (outer layer of stele)

HAHNENFUSS
BUTTERCUP
(*RANUNCULUS SP.*)

Hauptteile einer typischen Wurzel
Features of a typical root

Leitbündelzylinder
Stele (vascular cylinder)

Siebteil (Siebröhre, durch welche die Nährstoffe transportiert werden)
Phloem sieve tube (through which nutrients are transported)

Geleitzelle (steht mit der Siebröhre in Verbindung)
Companion cell (cell associated with phloem sieve tube)

Wurzelhaar
Root hair

Interzellulare (ermöglicht den Gasaustausch in der Wurzel)
Air space (allowing gas diffusion in the root)

Rinde (Schicht zwischen Epidermis und Leitgewebe)
Cortex (layer between epidermis and vascular tissue)

Wurzelhaar
Root hair

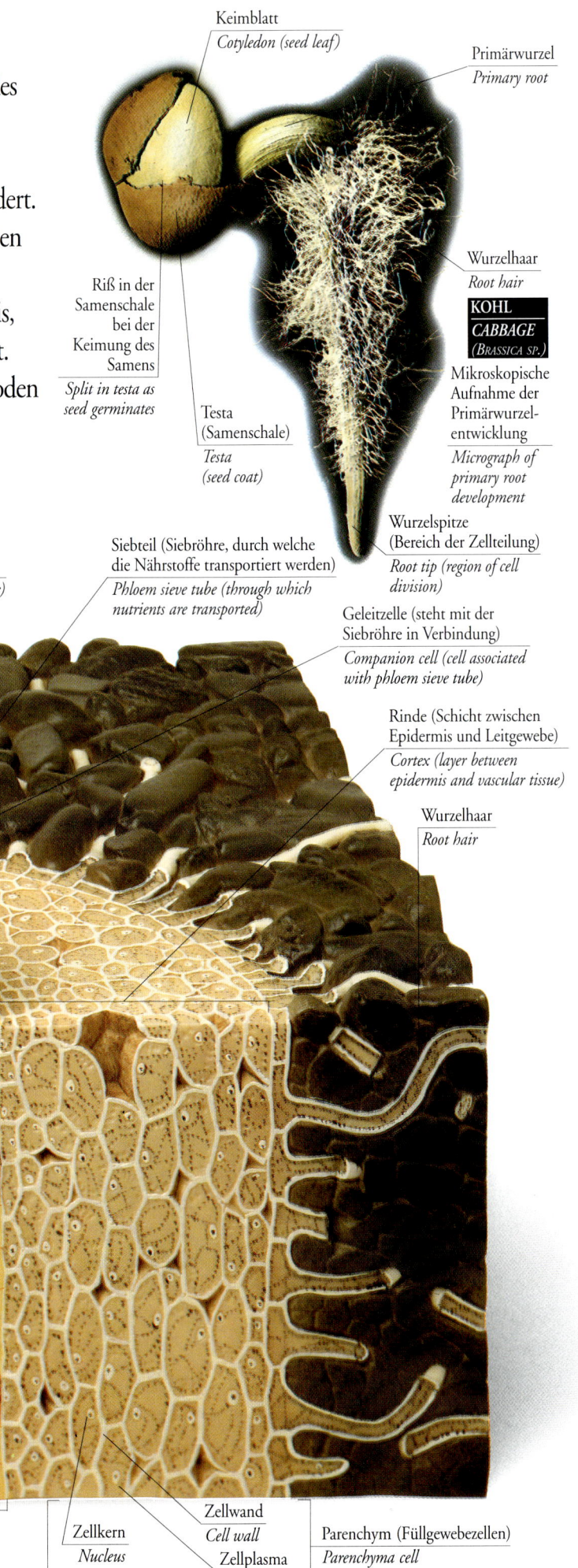

Rhizodermis (äußere Zellschicht)
Epidermis

Trachee (durch dieses werden Wasser und Mineralstoffe transportiert)
Xylem vessel (through which water and minerals are transported)

Endodermis
Endodermis

Zellkern
Nucleus

Zellwand
Cell wall

Zellplasma
Cytoplasm

Zellwand
Cell wall

Parenchym (Füllgewebezellen)
Parenchyma cell

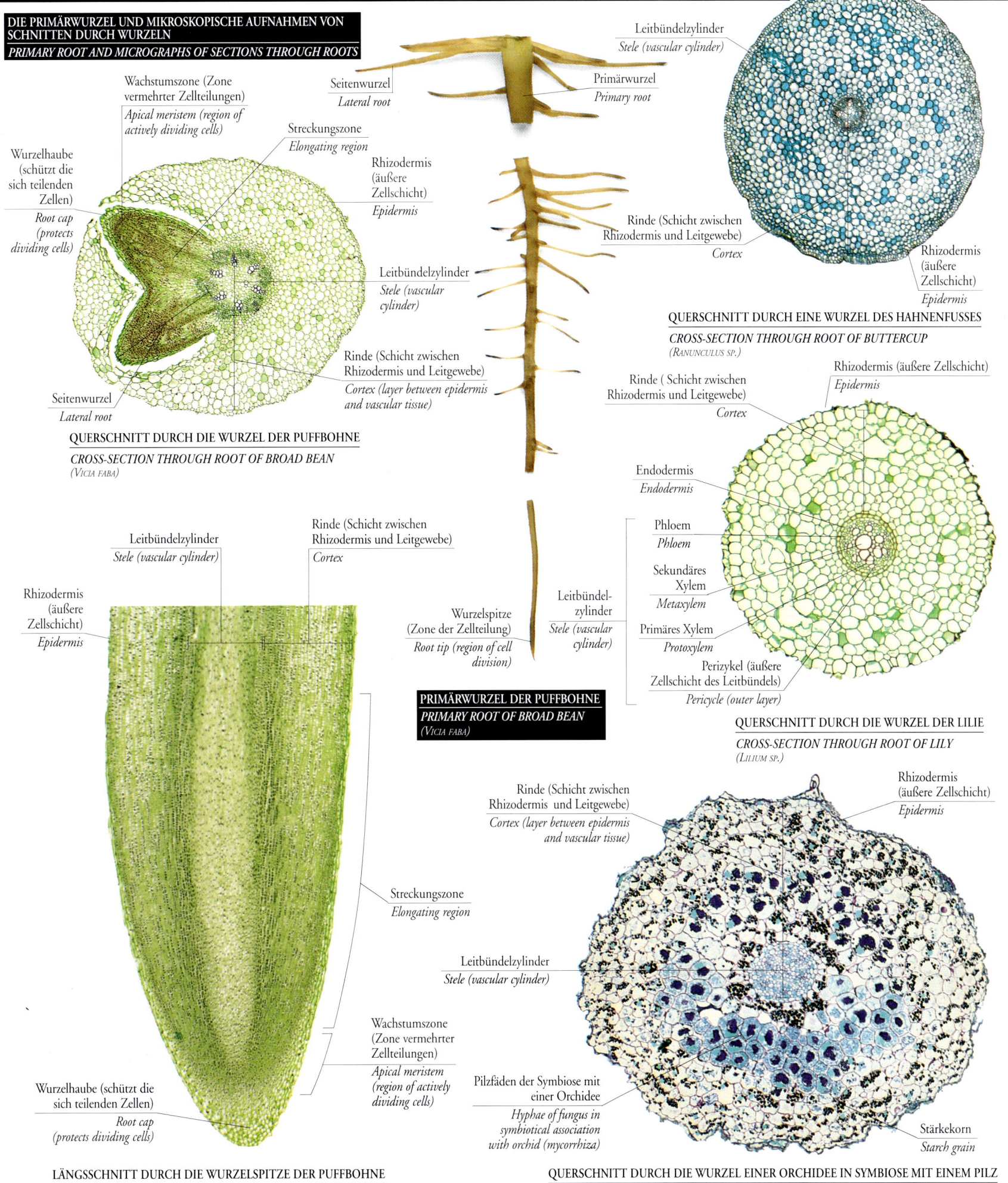

Wachstumszone (Zone
vermehrter Zellteilungen)
*Apical meristem (region of
actively dividing cells)*

Wurzelhaube
(schützt die
sich teilenden
Zellen)
*Root cap
(protects
dividing cells)*

Streckungszone
Elongating region

Rhizodermis
(äußere
Zellschicht)
Epidermis

Leitbündelzylinder
*Stele (vascular
cylinder)*

Rinde (Schicht zwischen
Rhizodermis und Leitgewebe)
*Cortex (layer between epidermis
and vascular tissue)*

Seitenwurzel
Lateral root

Seitenwurzel
Lateral root

Primärwurzel
Primary root

QUERSCHNITT DURCH DIE WURZEL DER PUFFBOHNE
CROSS-SECTION THROUGH ROOT OF BROAD BEAN
(VICIA FABA)

Leitbündelzylinder
Stele (vascular cylinder)

Rinde (Schicht zwischen
Rhizodermis und Leitgewebe)
Cortex

Rhizodermis
(äußere
Zellschicht)
Epidermis

QUERSCHNITT DURCH EINE WURZEL DES HAHNENFUSSES
CROSS-SECTION THROUGH ROOT OF BUTTERCUP
(RANUNCULUS SP.)

Rinde (Schicht zwischen
Rhizodermis und Leitgewebe)
Cortex

Rhizodermis (äußere Zellschicht)
Epidermis

Endodermis
Endodermis

Phloem
Phloem

Sekundäres
Xylem
Metaxylem

Primäres Xylem
Protoxylem

Perizykel (äußere
Zellschicht des Leitbündels)
Pericycle (outer layer)

QUERSCHNITT DURCH DIE WURZEL DER LILIE
CROSS-SECTION THROUGH ROOT OF LILY
(LILIUM SP.)

Leitbündelzylinder
Stele (vascular cylinder)

Rinde (Schicht zwischen
Rhizodermis und Leitgewebe)
Cortex

Rhizodermis
(äußere
Zellschicht)
Epidermis

Wurzelspitze
(Zone der Zellteilung)
*Root tip (region of cell
division)*

Leitbündel-
zylinder
*Stele (vascular
cylinder)*

PRIMÄRWURZEL DER PUFFBOHNE
PRIMARY ROOT OF BROAD BEAN
(VICIA FABA)

Streckungszone
Elongating region

Wachstumszone
(Zone vermehrter
Zellteilungen)
*Apical meristem
(region of actively
dividing cells)*

Wurzelhaube (schützt die
sich teilenden Zellen)
*Root cap
(protects dividing cells)*

LÄNGSSCHNITT DURCH DIE WURZELSPITZE DER PUFFBOHNE
LONGITUDINAL SECTION THROUGH ROOT TIP OF BROAD BEAN
(VICIA FABA)

Rinde (Schicht zwischen
Rhizodermis und Leitgewebe)
*Cortex (layer between epidermis
and vascular tissue)*

Rhizodermis
(äußere Zellschicht)
Epidermis

Leitbündelzylinder
Stele (vascular cylinder)

Pilzfäden der Symbiose mit
einer Orchidee
*Hyphae of fungus in
symbiotical association
with orchid (mycorrhiza)*

Stärkekorn
Starch grain

QUERSCHNITT DURCH DIE WURZEL EINER ORCHIDEE IN SYMBIOSE MIT EINEM PILZ
CROSS-SECTION THROUGH ROOT OF ORCHID IN MYCORRHIZA

SPROSSE / *STEMS*

Der Sproß trägt den oberirdischen Teil der Pflanze. An den Sprossen wachsen die Blätter (Photosyntheseorgane) und im Winkel zwischen Blatt und Sproß oder an der Sproßspitze die Knospen und Blüten. Der Sproß stellt einen Teil des pflanzlichen Transportsystems dar. Im Xylem (Holzteil) des Sprosses findet der Wasser- und Mineralstofftransport von den Wurzeln zu den oberirdischen Pflanzenteilen statt. Im Phloem (Siebteil) werden die in den Blättern gebildeten Nährstoffe zu anderen Teilen der Pflanze befördert. Die Sproßgewebe dienen auch der Speicherung von Wasser und Nährstoffen. Krautige (nicht verholzte) Sprosse besitzen eine äußere, schützende Epidermis, welche das Grundgewebe, das auch Festigungsgewebe enthält, umgibt. Das Leitgewebe solcher Sprosse ist in Bündeln angeordnet und setzt sich aus dem Xylem und dem Phloem sowie dem Festigungsgewebe zusammen. Verholzte Sprosse sind mit einer äußeren schützenden Schicht aus Borke ausgestattet. Diese ist mit Lentizellen (Öffnungen) durchsetzt, die den Gasaustausch ermöglichen. In der Borke umhüllt ein Ring aus sekundärem Phloem den inneren Kern aus sekundärem Xylem.

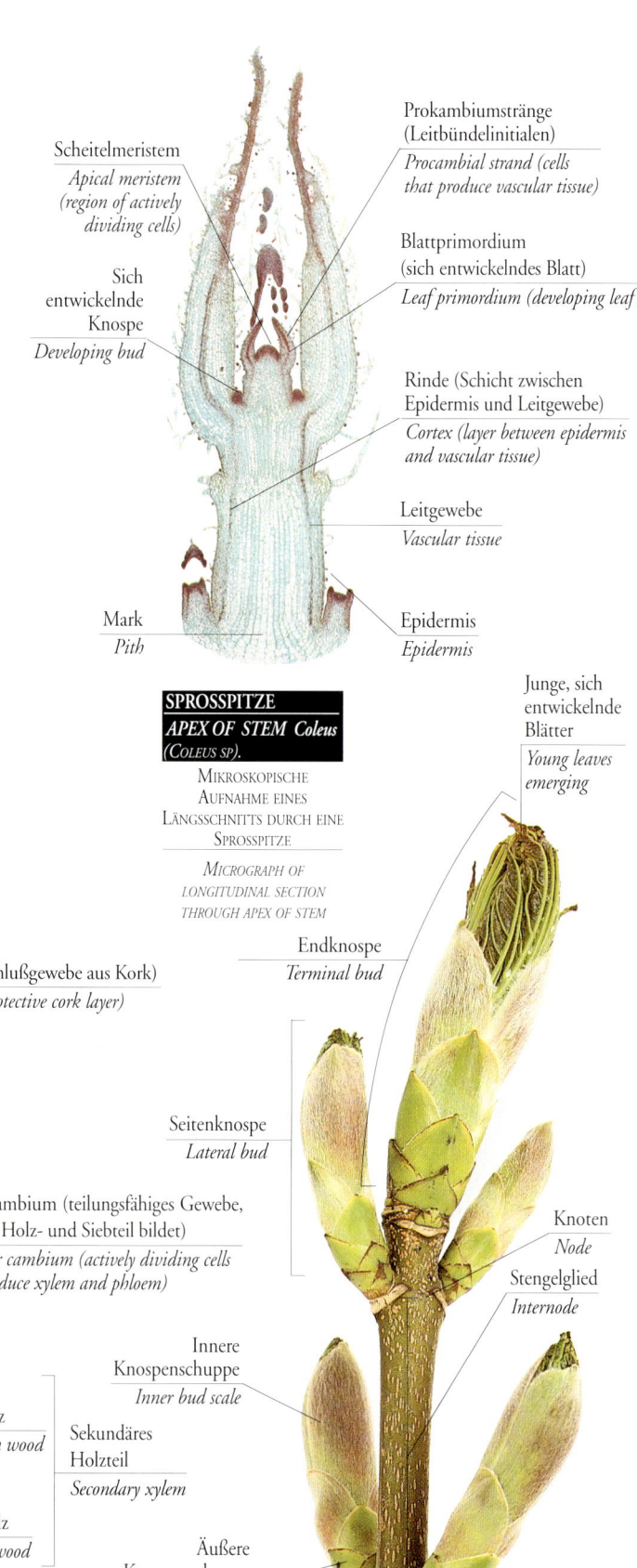

Scheitelmeristem
Apical meristem (region of actively dividing cells)

Sich entwickelnde Knospe
Developing bud

Mark
Pith

Prokambiumstränge (Leitbündelinitialen)
Procambial strand (cells that produce vascular tissue)

Blattprimordium (sich entwickelndes Blatt)
Leaf primordium (developing leaf)

Rinde (Schicht zwischen Epidermis und Leitgewebe)
Cortex (layer between epidermis and vascular tissue)

Leitgewebe
Vascular tissue

Epidermis
Epidermis

SPROSSPITZE
***APEX OF STEM* Coleus (COLEUS SP).**
MIKROSKOPISCHE AUFNAHME EINES LÄNGSSCHNITTS DURCH EINE SPROSSPITZE
MICROGRAPH OF LONGITUDINAL SECTION THROUGH APEX OF STEM

JUNGER HOLZIGER SPROSS Linde
***YOUNG WOODY STEM* Lime (TILIA SP.)**

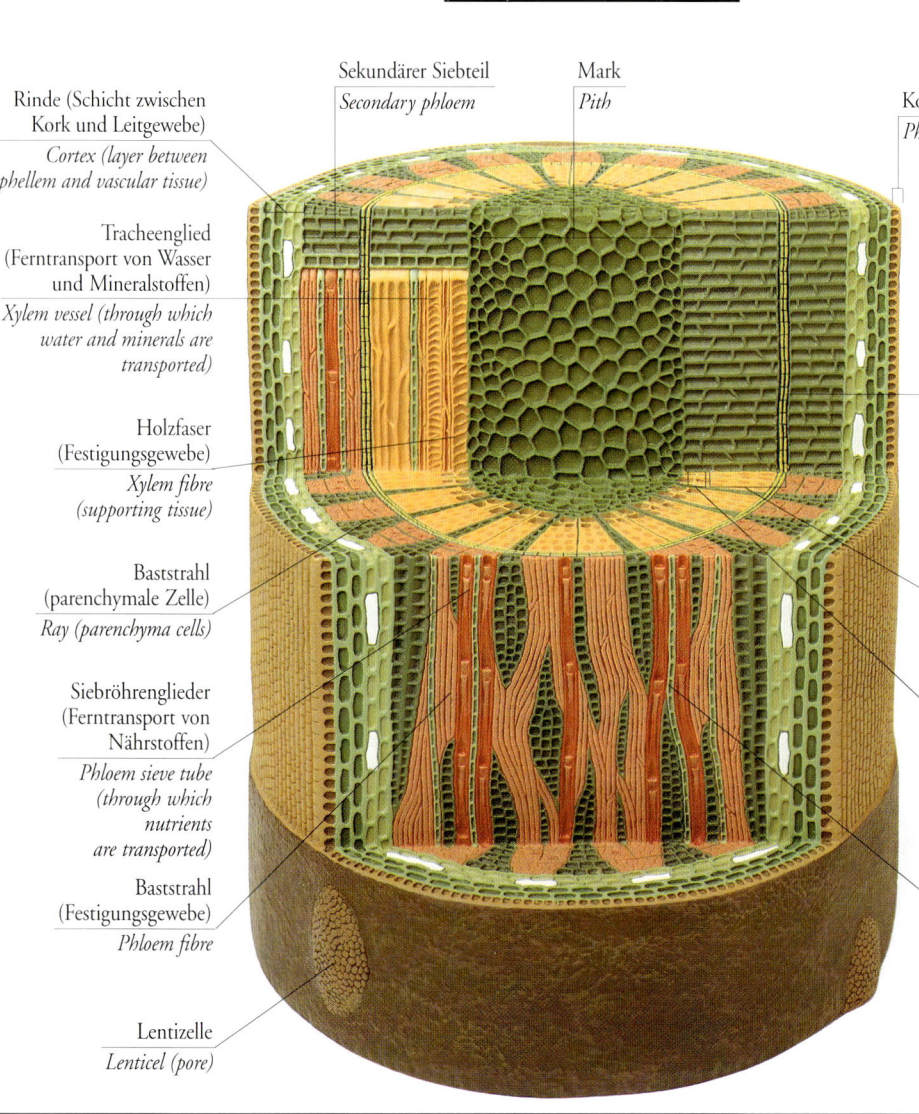

Rinde (Schicht zwischen Kork und Leitgewebe)
Cortex (layer between phellem and vascular tissue)

Tracheenglied (Ferntransport von Wasser und Mineralstoffen)
Xylem vessel (through which water and minerals are transported)

Holzfaser (Festigungsgewebe)
Xylem fibre (supporting tissue)

Baststrahl (parenchymale Zelle)
Ray (parenchyma cells)

Siebröhrenglieder (Ferntransport von Nährstoffen)
Phloem sieve tube (through which nutrients are transported)

Baststrahl (Festigungsgewebe)
Phloem fibre

Lentizelle
Lenticel (pore)

Sekundärer Siebteil
Secondary phloem

Mark
Pith

Kork (Abschlußgewebe aus Kork)
Phellem (protective cork layer)

Sproßkambium (teilungsfähiges Gewebe, das den Holz- und Siebteil bildet)
Vascular cambium (actively dividing cells that produce xylem and phloem)

Spätholz
Autumn wood

Sekundäres Holzteil
Secondary xylem

Frühholz
Spring wood

Geleitzellen (zu den Siebröhren gehörende Zellen)
Companion cell (cell associated with phloem sieve tube)

Junge, sich entwickelnde Blätter
Young leaves emerging

Endknospe
Terminal bud

Seitenknospe
Lateral bud

Innere Knospenschuppe
Inner bud scale

Äußere Knospenschuppe
Outer bud scale

Knoten
Node

Knoten
Node

Stengelglied
Internode

Blattnarbe
Leaf scar

Lentizelle
Lenticel (pore)

Verholzter Sproß
Woody stem

SICH ENTWICKELNDE KNOSPEN Platane
***EMERGENT BUDS* London plane (PLATANUS X ACERIFOLIA)**

MIKROSKOPISCHE AUFNAHMEN VON QUERSCHNITTEN
MICROGRAPHS OF CROSS-SECTIONS THROUGH VARIOUS STEMS

Epidermis
Epidermis

Kollenchym
(Festigungsgewebe)
Collenchyma

Mark
Pith

Leitbündel
*Vascular
bundle*

Xylem
Xylem
Phloem
Phloem

Kambium (teilungsfähiges
Gewebe, das den Holz- und
Siebteil bildet)
*Vascular cambium (actively
dividing cells that produce
xylem and phloem)*

Markhöhle
Pith cavity

Rinde (Schicht
zwischen Epidermis
und Leitgewebe)
*Cortex (layer
between epidermis
and vascular tissue)*

KERBEL

CHERVIL

(ANTHRISCUS SP.)

Sklerenchym
(Festigungsgewebe)
Sclerenchyma

Stachel (Epidermisauswuchs)
Prickle (outgrowth of epidermis)

Sekundärer Siebteil
Secondary phloem

Sekundäres Xylem
Secondary xylem

Primäres Xylem
Primary xylem

Epidermis mit dicker Kutikula
(Verdunstungsschutz)
*Epidermis with thick cuticle
(waterproof covering)*

Mark
Pith

Rinde (Schicht zwischen
Epidermis und Leitgewebe)
*Cortex (layer between
epidermis and vascular tissue)*

ROSE

ROSE

(ROSA SP.)

Kollenchym
(Festigungsgewebe)
Collenchyma

Epidermis
Epidermis

Rinde (Schicht
zwischen Epidermis
und Leitgewebe)
*Cortex (layer
between epidermis
and vascular tissue)*

Sekundäres Phloem
Secondary phloem

Sekundäres Xylem
Secondary xylem

Primäres Xylem
Primary xylem

Mark
Pith

Markhöhle
Pith cavity

TAUBNESSEL

DEADNETTLE

(LAMIUM SP.)

Sklerenchym
(Festigungsgewebe)
Sclerenchyma

Sternparenchym des Marks
(sternförmiges Füllgewebe)
*Pith with stellate parenchyma
(star-shaped packing tissue)*

Epidermis mit dicker
Kutikula
*Epidermis with thick cuticle
(waterproof covering)*

Mesophyll (Schicht aus
photosynthetisierendem
Gewebe)
Mesophyll

Leitbündel
*Vascular
bundle*

Xylem
Xylem

Phloem
Phloem

Sklerenchym
(Festigungsgewebe)
Sclerenchyma

BINSE

RUSH

(JUNCUS SP.)

Epidermis
Epidermis

Interzellularraum
Lacuna (air space)

Mark
Pith

Rinde (Schicht zwischen
Epidermis und Leitgewebe)
*Cortex (layer between
epidermis and vascular tissue)*

Phloem
Phloem

Xylem
Xylem

Leitgewebe
Vascular tissue

Endodermis
Endodermis

TANNENWEDEL

MARE'S TAIL

(HIPPURIS VULGARIS)

Parenchym (Füllgewebe)
mit Sklerenchymbündeln
(Festigungsgewebe)
*Parenchyma with
bundles of sclerenchyma*

Epidermis
(Abschlußgewebe)
Epidermis

Mesophyll (Schicht aus
photosynthetisierendem
Gewebe)
Mesophyll

Leitbündel
(Holz-, Siebteil und
Sklerenchymfasern)
*Vascular bundle (xylem,
phloem, and sclerenchyma
fibres)*

Rinde (Schicht zwischen
Epidermis und Leitgewebe)
*Cortex (layer between epidermis
and vascular tissue)*

KOKOSPALME

COCONUT PALM

(COCOS NUCIFERA)

BLÄTTER / *LEAVES*

Die Blätter sind die Hauptorte der Photosynthese (s. S. 32–33) und der Transpiration (Wasserabgabe durch Verdunstung). Ein typisches Blatt besteht aus einer dünnen, flachen Lamina (Blattspreite), die von einem Netzwerk aus Adern versorgt wird, einem Blattstiel (Petioulus) und dem Blattgrund, der Ansatzstelle des Blattstiels am Sproß. Die Blätter können einfach gebaut (die Blattspreite bildet eine Einheit) oder zusammengesetzt (die Blattspreite ist in getrennte Blättchen geteilt) sein. Zusammengesetzte Blätter sind entweder gefiedert oder gefingert. Fieder setzen an beiden Seiten der Blattspindel (Rhachis) an. Bei gefingerten Blättern gehen die Fieder von einem Punkt des Blattstiels aus. Eine weitere Klassifizierung der Blätter kann auch anhand der Form der Blattspreite und Blattspitze, des Blattrandes und der Blattbasis vorgenommen werden.

PRÄRIEMALVE

CHECKERBLOOM
(*SIDALCEA MALVIFLORA*)

EINFACHE BLATTFORMEN
SIMPLE LEAF SHAPES

Zugespitzte Spreitenspitze
Acuminate apex

Spitze Spreitenspitze
Subacute apex

Ganzrandig
Entire margin

Ganzrandig
Entire margin

Keilförmige Spreitenbasis
Cuneate base

Herzförmige Spreitenbasis
Cordate base

GEIGENFÖRMIG Wunderstrauch

PANDURIFORM Croton
(*CODIAEUM VARIEGATUM*)

LANZETTLICH Sanddorn

LANCEOLATE Sea buckthorn
(*HIPPOPHAE RHAMNOIDES*)

Blattspitze
Apex

Blattspreite (Lamina)
Lamina (blade)

Mittelrippe
Midrib

Rand
Margin

Seitenader
Lateral vein

Spreitenbasis
Lamina base

Blattstiel (Petioulus)
Petiole (leaf stalk)

Blattgrund
Leaf base

ALLGEMEINE BLATTMERKMALE
GENERAL LEAF FEATURES

ESSKASTANIE

SWEET CHESTNUT
(*CASTANEA SATIVA*)

ZUSAMMENGESETZTE BLATTFORMEN
COMPOUND LEAF SHAPES

Endfieder
Terminal pinna

Ausgerandete Spitze
Emarginate apex

Blattspindel (Rhachis – Hauptachse eines gefiederten Blattes)
Rachis (main axis of pinnate leaf)

Fiederblatt
Pinna

Fiederblattstiel
Petiolule (leaflet stalk)

Blattstiel (Petioulus)
Petiole (leaf stalk)

UNPAARIG GEFIEDERT Rubinie

ODD PINNATE False acacia
(*ROBINIA PSEUDOACACIA*)

Spitze
Spreitenspitze
Subacute apex

Zugespitztes Spreitenende
Acuminate apex

Spitze Spreitenspitze
Subacute apex

Bespitzt
Mucronate apex

Zugespitzte Blattspitze
Acuminate apex

Ganzrandig
Entire margin

Ganzrandig
Entire margin

Keilförmige Blattbasis
Cuneate base

Gesägter Rand
Serrulate margin

ELLYPTISCH Feige
ELLIPTIC Fig
(FICUS SP.)

KREISRUND Kamelie
ORBICULAR Camellia
(CAMELLIA JAPONICA)

Ganzrandig
Entire margin

Bunte
Blattspreite
Variegated lamina

Keilförmige
Blattbasis
Cuneate base

Ganzrandig
Entire margin

Spitze
Acute apex

Ganzrandig
Entire margin

Stachelspitzig
Cuspidate apex

Keilförmige
Blattbasis
Cuneate base

Herzförmige
Blattbasis
Cordate base

Ganzrandig
Entire margin

Gestutzte Blattbasis
Truncate base

VERKEHRT EIFÖRMIG Tupelobaum
OBOVATE Tupelo
(NYSSA SYLVATICA)

RAUTENFÖRMIG Kaukasischer Efeu
RHOMBOID Persian ivy
(HEDERA COLCHICA)

HANDFÖRMIG GELAPPT Gemeiner Efeu
PALMATELY LOBED Common ivy
(HEDERA HELIX)

DREIECKIG Kaukas. Efeu
DELTOID Persian ivy
(HEDERA COLCHICA)

LINEAR Iris
LINEAR Iris
(IRIS LAZICA)

Fieder
Pinna

Fiederstiel
Petiolule

Blattspindel (Hauptachse
eines gefiederten Blattes)
*Rachis (main axis of
pinnate leaf)*

Blattstiel
Petiole

Fieder
Leaflet

Blattstiel
Petiole

Fieder
Pinna

Fiederchen
Pinnule

Blattspindel (Hauptachse eines
gefiederten Blattes)
Rachis (main axis of pinnate leaf)

Blattstiel
Petiole

Sekundäre Achse
eines gefiederten
Blattes
*Rachilla
(secondary axis of
pinnate leaf)*

PAARIG GEFIEDERT Schwarznußbaum
EVEN PINNATE Black walnut
(JUGLANS NIGRA)

GEFINGERT Roßkastanie
DIGITATE Horse chestnut
(ÆSCULUS PARVIFLORA)

DOPPELT GEFIEDERT
Lederhülsenbaum
BIPINNATE Honey locust
(GLEDITSIA TRIACANTHOS)

Fieder
Leaflet

Blattspindel
Rachis

Blattstiel
Petiole

Fieder
Leaflet

Blattstiel
Petiole

Fiederchen
Pinnule

Sekundäre Achse eines
gefiederten Blattes
*Rachilla (secondary axis
of pinnate leaf)*

Fiederstiel
Petiolule

Blattstiel
Petiole

Fieder
Pinna

Blattspindel
(Hauptachse eines
gefiederten Blattes
*Rachis (main axis
of pinnate leaf)*

DOPPELT DREIZÄHLIG Waldrebe
BITERNATE Clematis
(CLEMATIS SP.)

DREIZÄHLIG Goldregen
TRIFOLIATE Laburnum
(LABURNUM X WATERERI)

DREIFACH GEFIEDERT Wiesenraute
TRIPINNATE Meadow rue
(THALICTRUM DELAVAYI)

PHOTOSYNTHESE / *PHOTOSYNTHESIS*

Die Photosynthese ist ein Vorgang, bei dem die Pflanze Sonnenenergie in chemische Energie umwandelt. Sie findet in besonderen Strukturen der Blattzellen – den Chloroplasten – statt. Die Chloroplasten enthalten ein grünes Pigment, das Chlorophyll, welches die Sonnenenergie aufnimmt. Mit Hilfe der Energie des Sonnenlichts werden bei der Photosynthese aus Kohlendioxid und Wasser energiereiche Zuckerverbindungen aufgebaut, in denen die für die Pflanzen verfügbare Energie gespeichert ist. Bei diesem Prozeß wird Sauerstoff als Abfallprodukt frei und in die Atmosphäre abgegeben. Die Photosynthese ist die Grundlage für das Leben auf der Erde. Hierbei werden die für die Nahrungskette notwendigen organischen Substanzen und der zum Atmen erforderliche Sauerstoff gebildet.

Die Blätter sind die Hauptorte der Photosynthese und haben sich zu diesem Zweck auf vielfältige Weise angepaßt: Flache Blattspreiten bieten eine große Oberfläche zur Lichtaufnahme; die Spaltöffnungen auf der Unterseite gewährleisten den Gasaustausch (Kohlendioxid und Sauerstoff). Ein dichtes Netz von Adern dient der Wasserversorgung sowie dem Transport von Kohlenhydraten in die übrigen Pflanzenteile.

Spaltöffnung
Stoma (pore)

Schließzellen (steuern das Öffnen und Schließen der Spaltöffnung)
Guard cell (controls opening and closing of stoma)

Unterseite der Blattspreite
Lower surface of lamina (blade)

MIKROSKOPISCHE AUFNAHME EINES BLATTES Lilie
MICROGRAPH OF LEAF Lily
(LILIUM SP.)

Glukosemolekül
Glucose molecule

Sauerstoffatom
6 oxygen atoms

Kohlenstoffatom
6 carbon atoms

Wasserstoffatom
12 hydrogen atoms

Die Glukose ist ein energiereiches Produkt der Photosynthese. Durch das Phloem verteilt sie sich in allen Pflanzenteilen
Glucose is a high-energy product of photosynthesis. It travels to all parts of the plant through the phloem

Das Sonnenlicht liefert die Energie für die Photosynthese. Dieses wird von den Chloroplasten im Blatt aufgenommen
Sunlight, which is absorbed by chloroplasts in the leaf, provides the energy for photosynthesis

Das Blatt ist der Hauptort der Photosynthese. Unterstützt wird diese Funktion durch die große Oberfläche der Blattspreite
The leaf is the main site of photosynthesis. Its broad, thin lamina is an adaptation for this process

Wasserstoffatom
Hydrogen atom

Sauerstoffatom
Oxygen atom

Wasserstoffatom
Hydrogen atom

Wassermolekül
Water molecule

Sauerstoffatom
Oxygen atom

Kohlenstoffatom
Carbon atom

Sauerstoffatom
Oxygen atom

Sauerstoffatom
Oxygen atom

Sauerstoffatom
Oxygen atom

Sauerstoffmolekül
Oxygen molecule

Kohlendioxidmolekül
Carbon dioxide molecule

Das Bodenwasser gelangt durch die Wurzeln über das Xylem (Holzteil) in das Blatt
Water, a raw material in the soil, travels to the leaf from the roots via the xylem

Kohlendioxid, ein Bestandteil der Luft, gelangt durch die Spaltöffnungen auf der Blattunterseite in das Blatt
Carbon dioxide, a raw material in the air, enters the leaf through stomata on the lower surface of the lamina

Ein Abfallprodukt der Photosynthese ist der Sauerstoff. Er verläßt das Blatt durch die Spaltöffnungen auf der Unterseite der Blattspreite
Oxygen, a waste product of photosynthesis, leaves the leaf through stomata on the lower surface of the lamina

DIE PHOTOSYNTHESE
THE PROCESS OF PHOTOSYNTHESIS

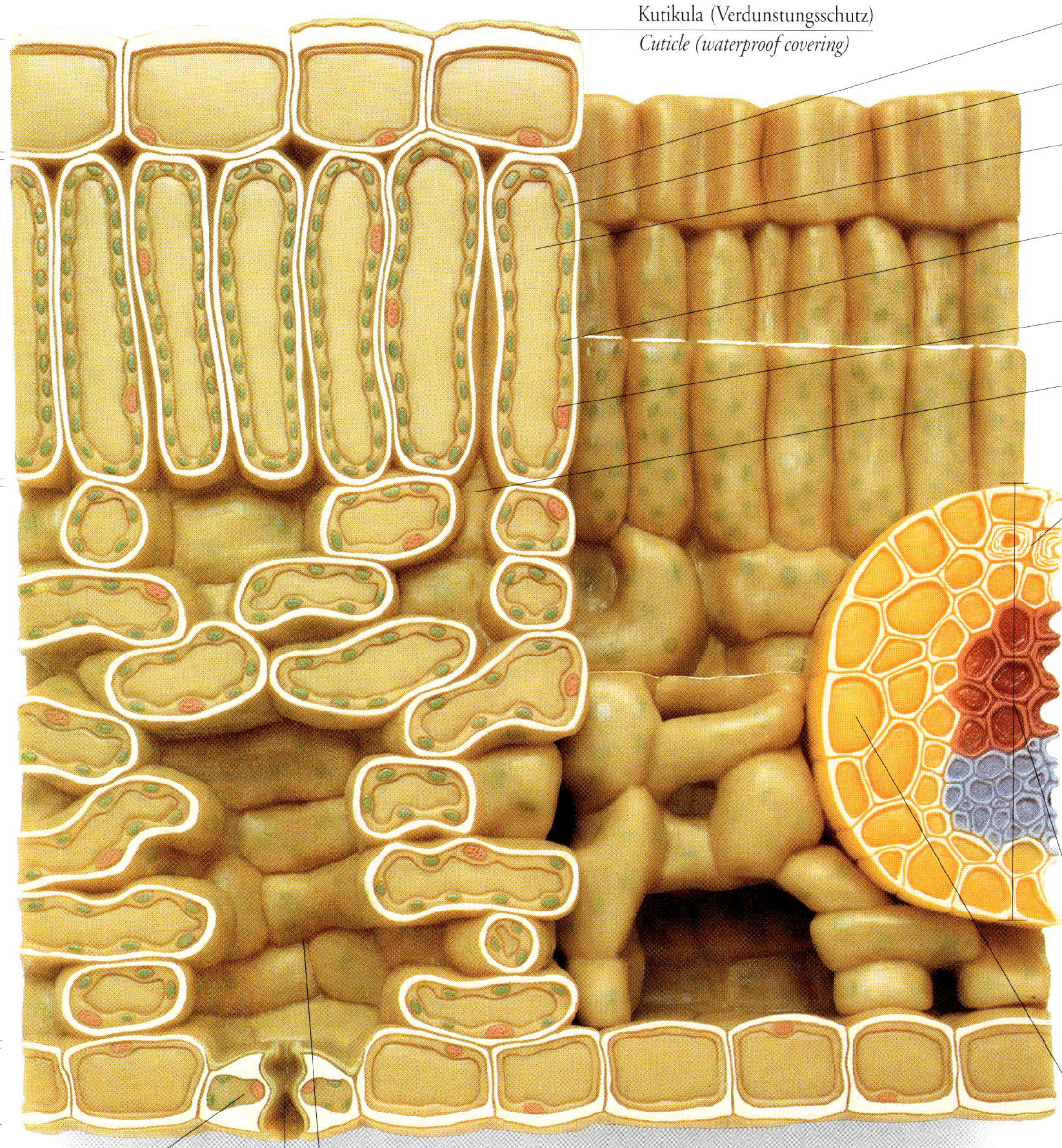

Kutikula (Verdunstungsschutz)
Cuticle (waterproof covering)

Zellwand
Cell wall

Zellplasma
Cytoplasm

Zellsaftraum
Vacuole

Chloroplast
(assimilierende Organelle)
Chloroplast

Zellkern
Nucleus

Zwischenzellraum
Intercellular space

Sklerenchym
(Festigungsgewebe)
Sclerenchyma

Holzteil (Gewebe, das
Wasser und Mineral-
stoffe transportiert)
*Xylem (tissue that
transports water and
mineral salts)*

Siebteil (Gewebe,
das Zucker und
andere Nährstoffe
transportiert)
*Phloem (tissue that
transports sugars and
other nutrients)*

Ader
Vein

Parenchym
(Füllgewebe)
*Parenchyma
(packing tissue)*

Obere Epidermis
*Upper epidermis
(outer layer of cells)*

Palisadenparenchym (dicht
gepackte Schicht aus
photosynthetisierendem
Gewebe)
*Palisade parenchyma
(tightly packed layer of
photosynthetic tissue)*

Schwammparenchym (locker
gepackte Schicht aus
photosynthetisierendem
Gewebe)
*Spongy parenchyma
(loosely packed layer
of photosynthetic tissue)*

Unteres Abschlußgewebe
*Lower epidermis
(outer layer of cells)*

Schließzellen (steuern das Öffnen
und Schließen der Spaltöffnung)
*Guard cell (controls opening and
closing of stoma)*

Spaltöffnung
Stoma

Atemhöhle
*Substomatal
chamber*

SCHNITTDARSTELLUNG EINES CHRISTROSENBLATTES
CROSS-SECTION THROUGH LEAF Christmas rose
(HELLEBORUS NIGER)

AUFBAU EINES CHLOROPLASTEN
INTERNAL VIEW OF CHLOROPLAST

Thylakoidmembran
*Lamella (membrane
of thylakoid)*

Thylakoid (flache Tasche
eines Granums)
Thylakoid (flat sac of granum)

Granum (Membranstapel, in denen
Chlorophyll lokalisiert ist)
*Granum (stack of thylakoids that hold
chlorophyll molecules in position)*

Desoxyribonukleinsäure
(DNS)
*Deoxyribonucleic acid
(DNA) strand*

Grundsubstanz
Stroma (watery matrix)

Äußere
Hüllmembran
Outer membrane

Chloroplastenhülle
*Chloroplast
envelope*

Innere
Hüllmembran
Inner membrane

Stärkekorn
Starch grain

Verbindung zwischen
den Grana
*Stroma thylakoid (link
between grana)*

Ribosome (Ort der
Proteinsynthese)
*Ribosome (site of protein
synthesis)*

Die Blüten dienen der geschlechtlichen Fortpflanzung. Ihre Organe sind kreisförmig um den Blütenboden (Spitze des Blütenstiels) angeordnet. Kleine, grüne Kelchblätter schützen die sich entwickelnde Blüte. Die Kronblätter sind meistens groß und leuchtend gefärbt und stehen innerhalb der Kelchblätter. Bei monokotylen Blüten (s. S. 20–21) sind die Kelch- und Kronblätter gleichartig und werden Perigonblätter genannt. Die Kronblätter umgeben die männlichen und weiblichen Fortpflanzungsstrukturen (Androeceum und Gynoeceum). Das Androeceum besteht aus den Staubblättern, wobei jedes Staubblatt (Stamen) aus Staubfaden (Filament) und Staubbeutel (Anthere) aufgebaut ist. Das Gynoeceum weist ein oder mehrere Fruchtblätter (Karpelle) auf. Jedes Fruchtblatt ist aus Fruchtknoten (Ovar), Griffel (Stylum) und Narbe (Stigma) aufgebaut. Einige Blüten, wie z.B. die der Lilien, sitzen einzeln auf einem Blütenstiel. Andere, beispielsweise die des Holunders oder der Sonnenblume, bilden einen Blütenstand (Infloreszenz), der auf einem Blütenstandstiel (Pedunculus) sitzt.

MONOKOTYLEDONENBLÜTE Lilie
MONOCOTYLEDONOUS FLOWER Lily
(*LILIUM SP.*)

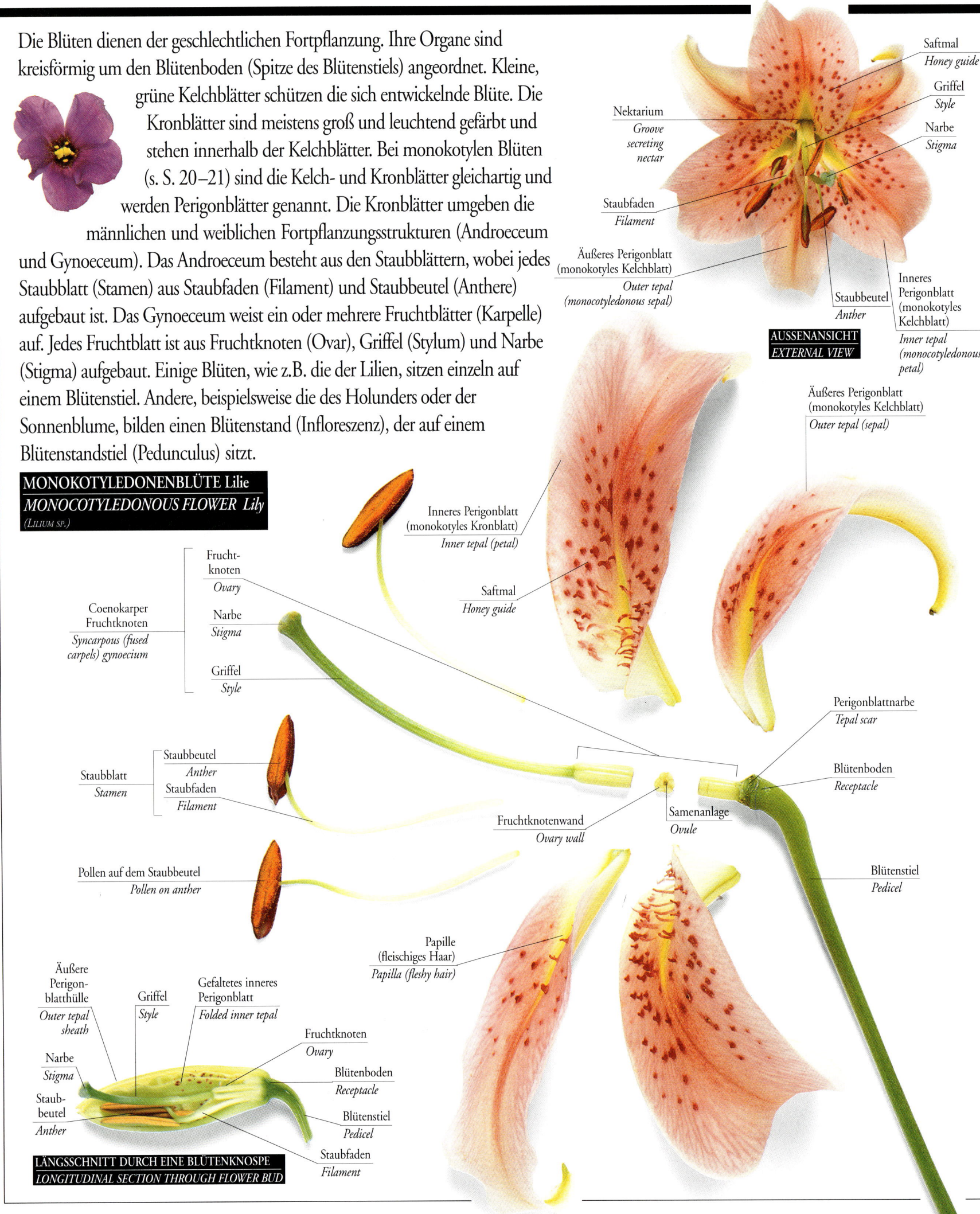

Nektarium
Groove secreting nectar

Saftmal
Honey guide

Griffel
Style

Narbe
Stigma

Staubfaden
Filament

Äußeres Perigonblatt (monokotyles Kelchblatt)
Outer tepal (monocotyledonous sepal)

Staubbeutel
Anther

Inneres Perigonblatt (monokotyles Kelchblatt)
Inner tepal (monocotyledonous petal)

AUSSENANSICHT
EXTERNAL VIEW

Äußeres Perigonblatt (monokotyles Kelchblatt)
Outer tepal (sepal)

Inneres Perigonblatt (monokotyles Kronblatt)
Inner tepal (petal)

Saftmal
Honey guide

Frucht- knoten
Ovary

Narbe
Stigma

Griffel
Style

Coenokarper Fruchtknoten
Syncarpous (fused carpels) gynoecium

Perigonblattnarbe
Tepal scar

Blütenboden
Receptacle

Staubbeutel
Anther

Staubfaden
Filament

Staubblatt
Stamen

Fruchtknotenwand
Ovary wall

Samenanlage
Ovule

Blütenstiel
Pedicel

Pollen auf dem Staubbeutel
Pollen on anther

Papille (fleischiges Haar)
Papilla (fleshy hair)

Äußere Perigon- blatthülle
Outer tepal sheath

Griffel
Style

Gefaltetes inneres Perigonblatt
Folded inner tepal

Fruchtknoten
Ovary

Blütenboden
Receptacle

Narbe
Stigma

Staub- beutel
Anther

Blütenstiel
Pedicel

Staubfaden
Filament

LÄNGSSCHNITT DURCH EINE BLÜTENKNOSPE
LONGITUDINAL SECTION THROUGH FLOWER BUD

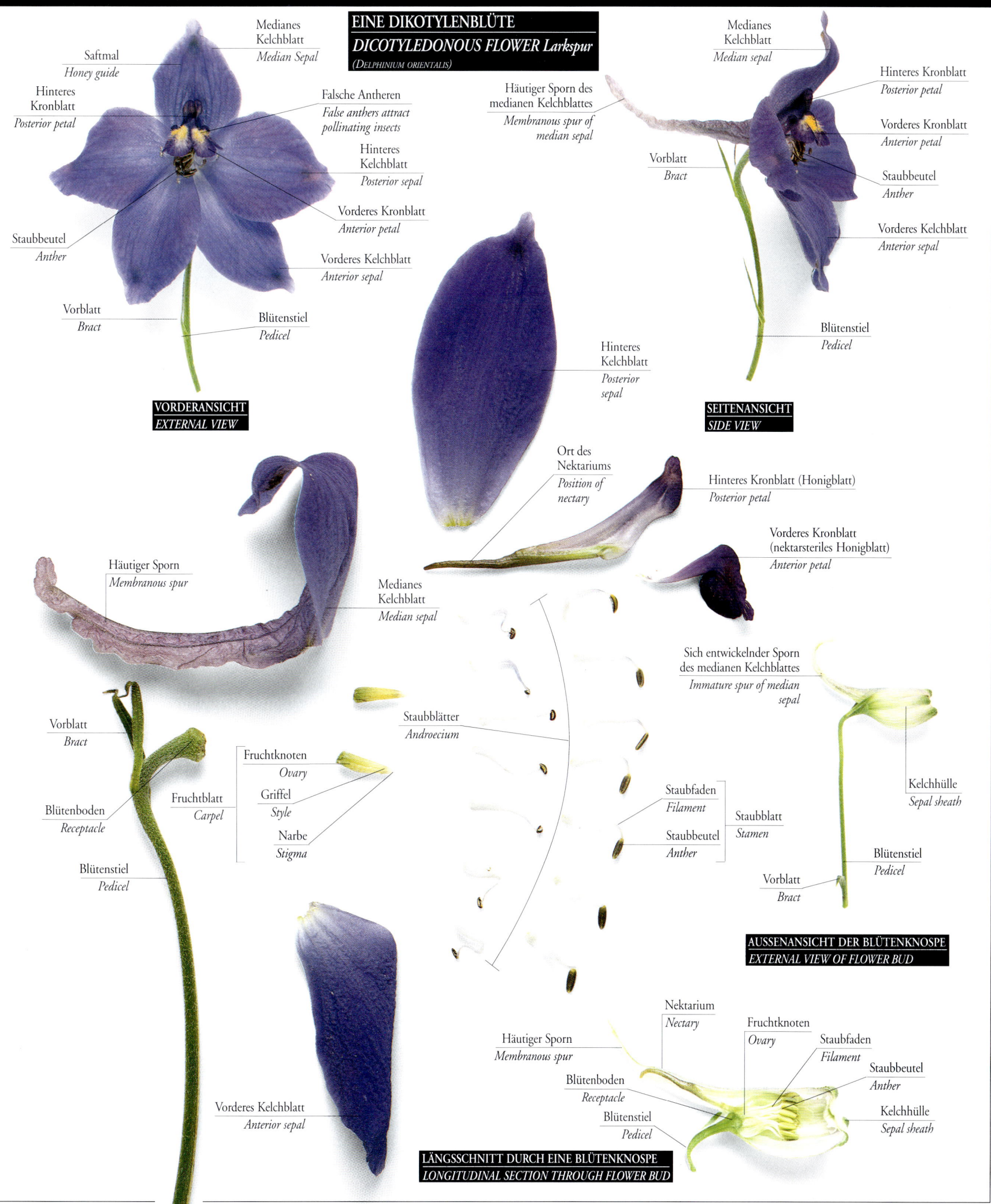

EINE DIKOTYLENBLÜTE
DICOTYLEDONOUS FLOWER Larkspur
(*Delphinium orientalis*)

Saftmal
Honey guide

Medianes Kelchblatt
Median Sepal

Hinteres Kronblatt
Posterior petal

Falsche Antheren
False anthers attract pollinating insects

Hinteres Kelchblatt
Posterior sepal

Vorderes Kronblatt
Anterior petal

Vorderes Kelchblatt
Anterior sepal

Staubbeutel
Anther

Vorblatt
Bract

Blütenstiel
Pedicel

VORDERANSICHT
EXTERNAL VIEW

Medianes Kelchblatt
Median sepal

Häutiger Sporn des medianen Kelchblattes
Membranous spur of median sepal

Hinteres Kronblatt
Posterior petal

Vorderes Kronblatt
Anterior petal

Staubbeutel
Anther

Vorblatt
Bract

Vorderes Kelchblatt
Anterior sepal

Blütenstiel
Pedicel

SEITENANSICHT
SIDE VIEW

Hinteres Kelchblatt
Posterior sepal

Ort des Nektariums
Position of nectary

Hinteres Kronblatt (Honigblatt)
Posterior petal

Vorderes Kronblatt (nektarsteriles Honigblatt)
Anterior petal

Häutiger Sporn
Membranous spur

Medianes Kelchblatt
Median sepal

Sich entwickelnder Sporn des medianen Kelchblattes
Immature spur of median sepal

Vorblatt
Bract

Blütenboden
Receptacle

Fruchtblatt
Carpel

Fruchtknoten
Ovary

Griffel
Style

Narbe
Stigma

Staubblätter
Androecium

Staubfaden
Filament

Staubbeutel
Anther

Staubblatt
Stamen

Kelchhülle
Sepal sheath

Vorblatt
Bract

Blütenstiel
Pedicel

Blütenstiel
Pedicel

AUSSENANSICHT DER BLÜTENKNOSPE
EXTERNAL VIEW OF FLOWER BUD

Vorderes Kelchblatt
Anterior sepal

Häutiger Sporn
Membranous spur

Nektarium
Nectary

Fruchtknoten
Ovary

Staubfaden
Filament

Staubbeutel
Anther

Blütenboden
Receptacle

Blütenstiel
Pedicel

Kelchhülle
Sepal sheath

LÄNGSSCHNITT DURCH EINE BLÜTENKNOSPE
LONGITUDINAL SECTION THROUGH FLOWER BUD

BLÜTEN 2 / *FLOWERS 2*

EINFACHER BLÜTENSTAND (KÖPFCHEN) Sonnenblume
SIMPLE INFLORESCENCE (CAPITULUM) Sunflower
(*HELIANTHUS ANNULUS*)

Scheibenblüten
Disc florets

Strahlenblüte
Ray floret

Unfruchtbare Strahlenblüte (lockt
Insekten für die Bestäubung an)
*Sterile ray floret to attract
pollinating insects*

Blütchen (kleine Blüten, die zu
einer einzigen „großen Blüte"
zusammengesetzt sind)
*Florets (small flowers) are grouped
together to resemble a single
large flower*

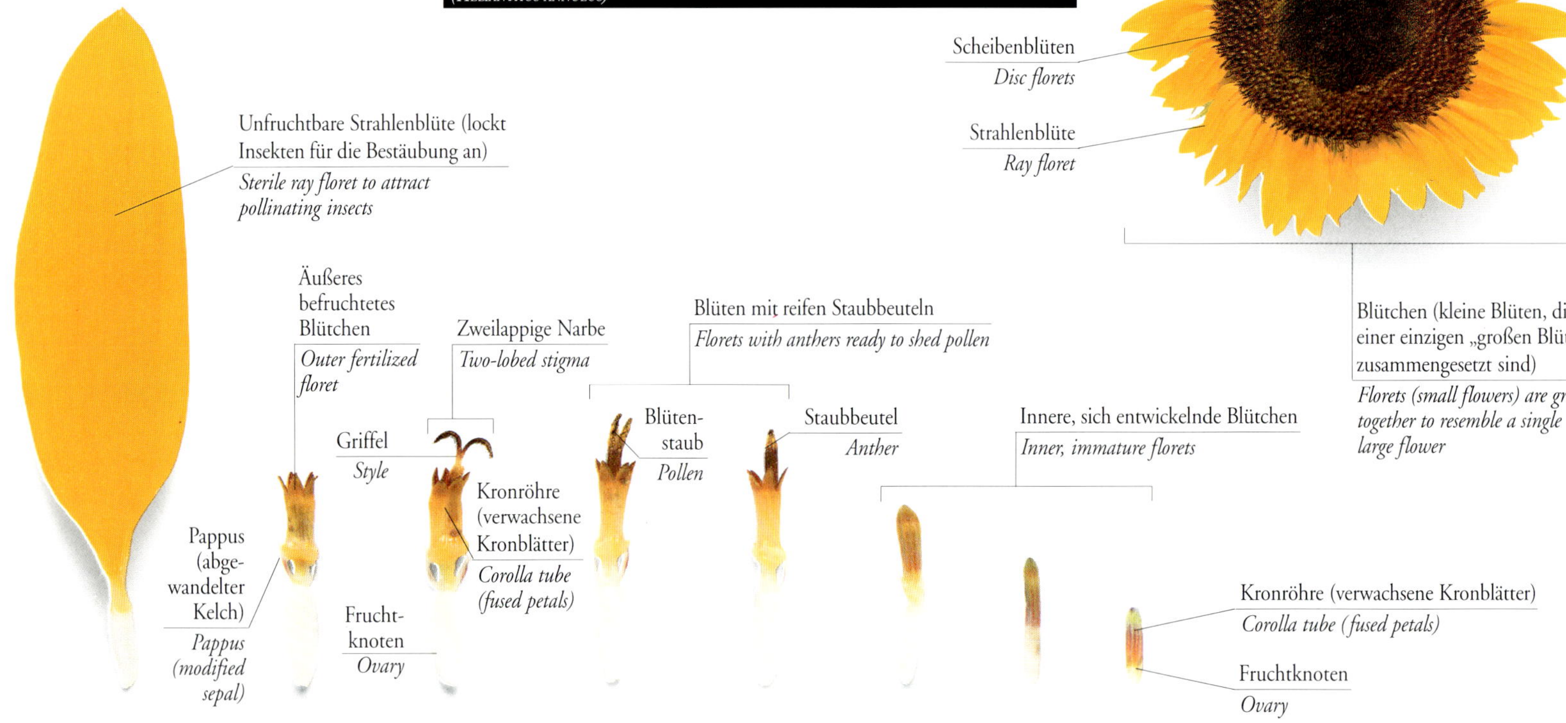

Äußeres
befruchtetes
Blütchen
*Outer fertilized
floret*

Zweilappige Narbe
Two-lobed stigma

Blüten mit reifen Staubbeuteln
Florets with anthers ready to shed pollen

Griffel
Style

Blüten-
staub
Pollen

Staubbeutel
Anther

Innere, sich entwickelnde Blütchen
Inner, immature florets

Kronröhre
(verwachsene
Kronblätter)
*Corolla tube
(fused petals)*

Pappus
(abge-
wandelter
Kelch)
*Pappus
(modified
sepal)*

Frucht-
knoten
Ovary

Kronröhre (verwachsene Kronblätter)
Corolla tube (fused petals)

Fruchtknoten
Ovary

BLÜTCHEN EINER SONNENBLUME
FLORETS FROM SUNFLOWER

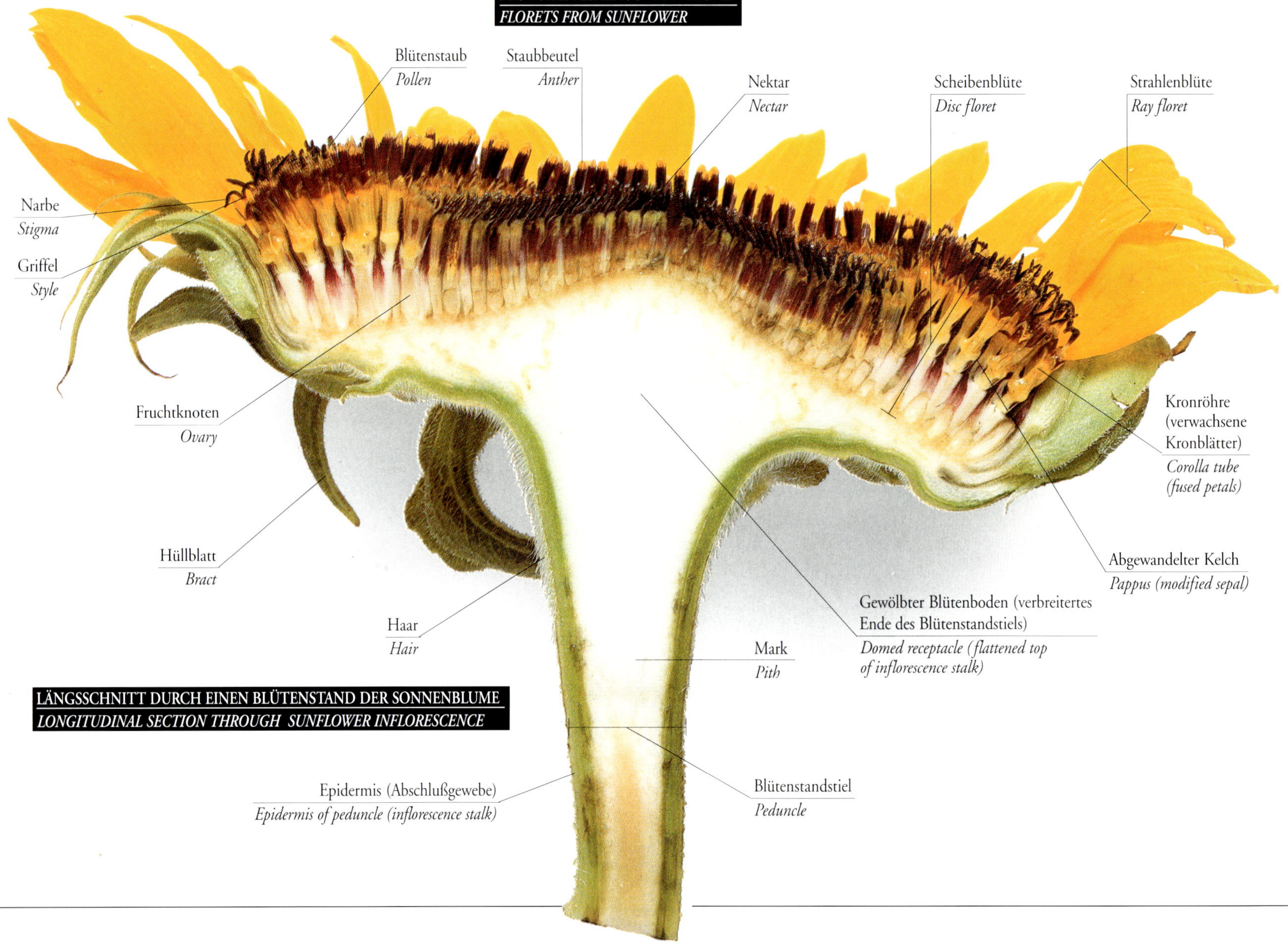

Blütenstaub
Pollen

Staubbeutel
Anther

Nektar
Nectar

Scheibenblüte
Disc floret

Strahlenblüte
Ray floret

Narbe
Stigma

Griffel
Style

Fruchtknoten
Ovary

Kronröhre
(verwachsene
Kronblätter)
*Corolla tube
(fused petals)*

Hüllblatt
Bract

Abgewandelter Kelch
Pappus (modified sepal)

Haar
Hair

Mark
Pith

Gewölbter Blütenboden (verbreitertes
Ende des Blütenstandstiels)
*Domed receptacle (flattened top
of inflorescence stalk)*

LÄNGSSCHNITT DURCH EINEN BLÜTENSTAND DER SONNENBLUME
LONGITUDINAL SECTION THROUGH SUNFLOWER INFLORESCENCE

Epidermis (Abschlußgewebe)
Epidermis of peduncle (inflorescence stalk)

Blütenstandstiel
Peduncle

ANORDNUNG DER BLÜTEN AUF DEM SPROSS
ARRANGEMENT OF FLOWERS ON STEM

Deckblatt
Bract

Blüte
Flower

Fruchtknoten
Ovary

Blütenstandstiel
Peduncle

Reste der Blütenhüllblätter
(monokotyle Kelch- und
Kronblätter)
Remains of tepals (petals and sepals)

BLÜTENSTAND (ÄHRE)
INFLORESCENCE (SPIKE)
(HELICONIA PERUVIANA)

Blüte
Flower

Kolben (fleischige Achse mit
männlichen und weiblichen Blüten)
*Spadix (fleshy axis) carrying
male and female flowers*

Kronblatt
Petal

Blütenstandstiel
Peduncle

Blütenstiel
Pedicel

BLÜTENSTAND (SCHIRMRISPE) Holunder
INFLORESCENCE (CORYMB) Common elder
(SAMBUCUS NIGRA)

Spatha (großes Hochblatt)
*Spathe (large bract) to attract
pollinating insects*

Blütenstandstiel
Peduncle

BLÜTENSTAND (KOLBEN) Flamingoblume
INFLORESCENCE (SPADIX) Painter's palette
(ANTHURIUM ANDREANUM)

Narbe
Stigma

Griffel
Style

Staubbeutel
Anther

Staubfaden
Filament

Staubblatt
Stamen

Blütenknospe
Flower bud

Blütenstiel
Pedicel

Vorblatt
Bract

Blütenstandstiel
Peduncle fused to bract

BLÜTENSTAND (DICHASIUM) Winterlinde
INFLORESCENCE (DICHASIAL CYME) Common lime
(TILIA X EUROPCEA)

Dreilappige Narbe
Three-lobed stigma

Griffel
Style

Inneres Perigonblatt
(monokotyles Kronblatt)
Inner tepal (petal)

Fruchtknoten
Ovary

Staubfaden
Filament

Staubbeutel
Anther

Staubblatt
Stamen

Äußeres Perigonblatt
(monokotyles Kelchblatt)
Outer tepal (sepal)

Blütenstiel
Pedicel

EINZELNE BLÜTE Ruhmeskrone
SINGLE FLOWER Glory lily
(GLORIOSA SUPERBA)

Blüte
Flower

Krone
Corolla

Kelch
Calyx

Deckblatt
Bract

Blütenstandstiel
Peduncle

EINZELNE BLÜTE
SINGLE FLOWER

BLÜTENSTAND (KUGELFÖRMIGE DOLDE)
INFLORESCENCE (SPHERICAL UMBEL)
(ALLIUM SP.)

BESTÄUBUNG / *POLLINATION*

Unter Bestäubung versteht man die Übertragung von Pollen, welche die männlichen Keimzellen enthalten, auf die Narbe, einen Teil des weiblichen Fortpflanzungsorgans. Die Bestäubung findet vor der Befruchtung (s. S. 40–41) statt. Sie geschieht innerhalb derselben Blüte (Selbstbestäubung) oder zwischen Blüten getrennter Pflanzen gleicher Art (Fremdbestäubung). Die Bestäubung erfolgt hauptsächlich durch Insekten (Entomophilie) oder durch den Wind (Anemophilie), seltener aber auch durch Vögel, Fledermäuse oder das Wasser. Die Insektenblumen sind meist leuchtend, duftend und produzieren Nektar, von dem sich die Insekten ernähren. Diese Blumen können zudem noch mit Mustern ausgestattet sein, die Signalwirkung auf bestimmte Insekten haben, für den Menschen aber nur unter ultraviolettem Licht sichtbar werden. Den durch diese Eigenschaften angelockten Insekten haften die hakigen oder klebrigen Pollen an und werden beim Besuch der nächsten Blüte übertragen. Blüten, die durch den Wind bestäubt werden, sind im allgemeinen sehr klein, unauffällig und geruchlos. Sie produzieren riesige Mengen an schwebefähigen Pollen, die vom Wind auf andere Blüten getragen werden können.

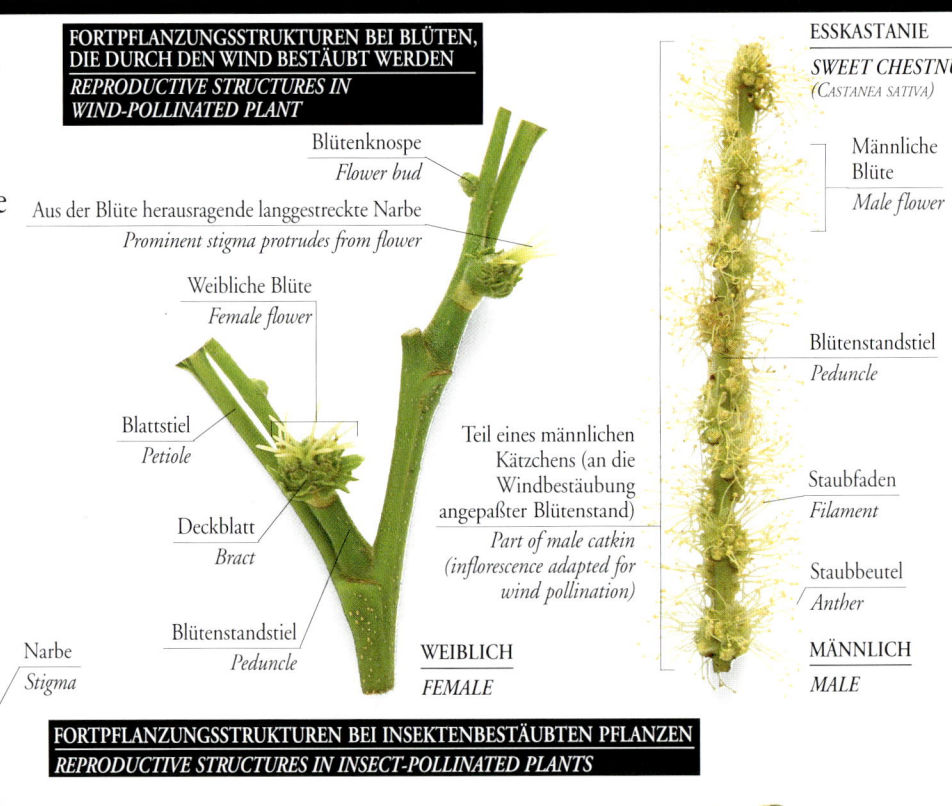

Blütenknospe
Flower bud

Aus der Blüte herausragende langgestreckte Narbe
Prominent stigma protrudes from flower

Weibliche Blüte
Female flower

Blattstiel
Petiole

Deckblatt
Bract

Blütenstandstiel
Peduncle

Teil eines männlichen Kätzchens (an die Windbestäubung angepaßter Blütenstand)
Part of male catkin (inflorescence adapted for wind pollination)

WEIBLICH
FEMALE

ESSKASTANIE
SWEET CHESTNUT
(*Castanea sativa*)

Männliche Blüte
Male flower

Blütenstandstiel
Peduncle

Staubfaden
Filament

Staubbeutel
Anther

MÄNNLICH
MALE

FORTPFLANZUNGSSTRUKTUREN BEI INSEKTENBESTÄUBTEN PFLANZEN
REPRODUCTIVE STRUCTURES IN INSECT-POLLINATED PLANTS

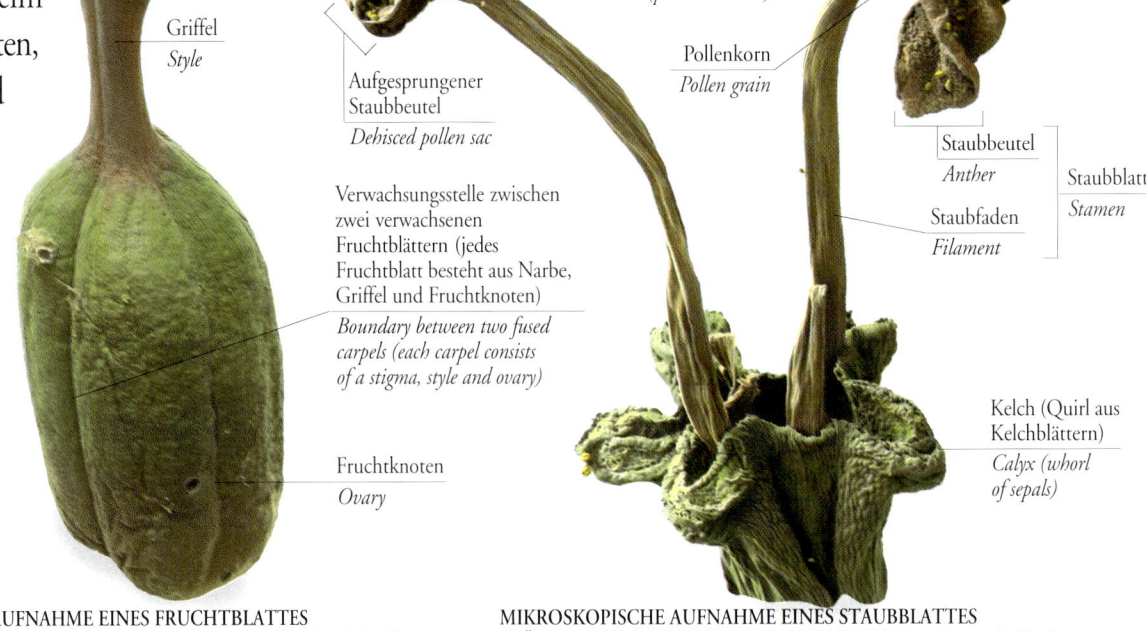

Narbe
Stigma

Griffel
Style

Aufgesprungener Staubbeutel
Dehisced pollen sac

Verwachsungsstelle zwischen zwei verwachsenen Fruchtblättern (jedes Fruchtblatt besteht aus Narbe, Griffel und Fruchtknoten)
Boundary between two fused carpels (each carpel consists of a stigma, style and ovary)

Fruchtknoten
Ovary

Schicht der Pollensackwand
Endothecium (pollen sac wall)

Pollenkorn
Pollen grain

Staubbeutel
Anther

Staubfaden
Filament

Staubblatt
Stamen

Kelch (Quirl aus Kelchblättern)
Calyx (whorl of sepals)

MIKROSKOPISCHE AUFNAHME VON POLLENKÖRNERN
MICROGRAPHS OF POLLEN GRAINS

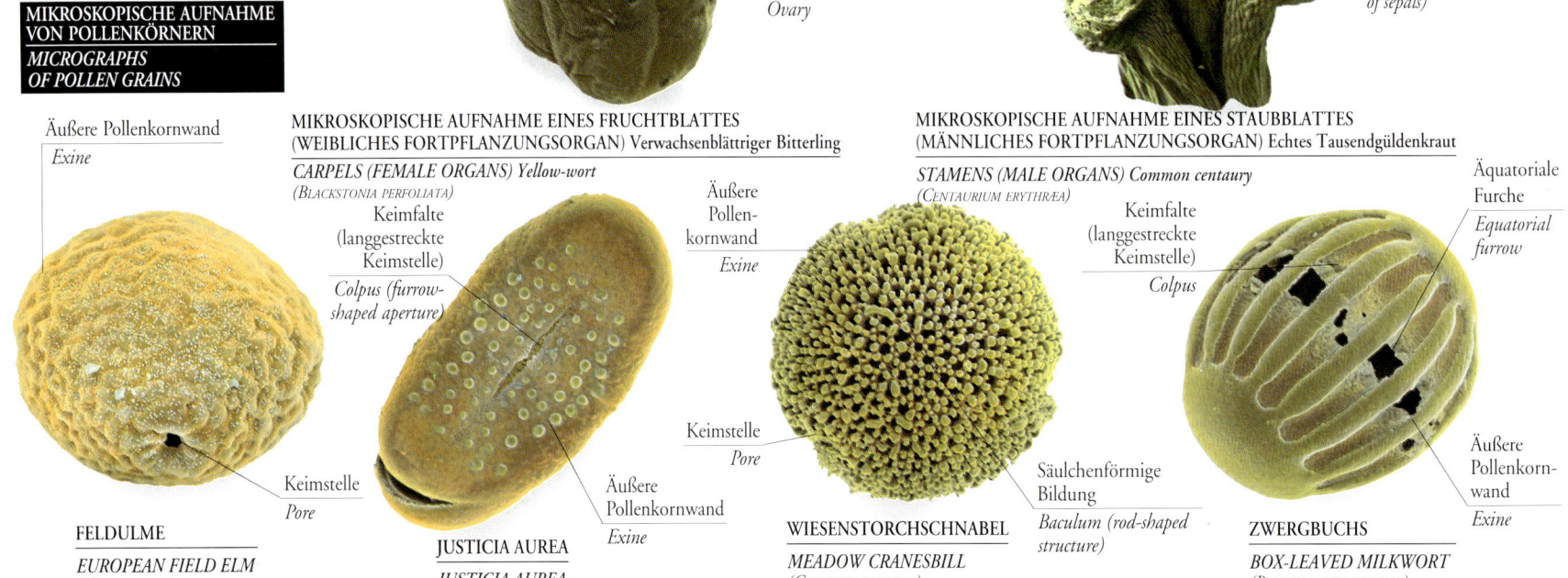

Äußere Pollenkornwand
Exine

MIKROSKOPISCHE AUFNAHME EINES FRUCHTBLATTES (WEIBLICHES FORTPFLANZUNGSORGAN) Verwachsenblättriger Bitterling
CARPELS (FEMALE ORGANS) Yellow-wort
(*Blackstonia perfoliata*)

Keimfalte (langgestreckte Keimstelle)
Colpus (furrow-shaped aperture)

Keimstelle
Pore

FELDULME
EUROPEAN FIELD ELM
(*Ulmus minor*)

Äußere Pollenkornwand
Exine

Keimstelle
Pore

Äußere Pollenkornwand
Exine

JUSTICIA AUREA
JUSTICIA AUREA

MIKROSKOPISCHE AUFNAHME EINES STAUBBLATTES (MÄNNLICHES FORTPFLANZUNGSORGAN) Echtes Tausendgüldenkraut
STAMENS (MALE ORGANS) Common centaury
(*Centaurium erythraea*)

Keimfalte (langgestreckte Keimstelle)
Colpus

Säulchenförmige Bildung
Baculum (rod-shaped structure)

WIESENSTORCHSCHNABEL
MEADOW CRANESBILL
(*Geranium pratense*)

Äquatoriale Furche
Equatorial furrow

Äußere Pollenkornwand
Exine

ZWERGBUCHS
BOX-LEAVED MILKWORT
(*Polygala chamaebuxus*)

INSEKTENBESTÄUBUNG VON WIESENSALBEI
INSECT POLLINATION OF MEADOW SAGE

Kelchblatt
Sepal

Junge, unempfängliche Narbe
Immature, unreceptive stigma

Die Staubbeutel streifen den behaarten Hinterleib der Biene
Anther pushed on to bee's hairy abdomen

Der Blütenstaub aus dem Staubbeutel bleibt auf dem Bienenhinterleib kleben
Pollen grains from anther stick to bee's abdomen

Die Unterlippe dient als Landeplatz für die Biene
Labellum (lip) forming landing stage for bee

Blütenstaub klebt am behaarten Hinterleib
Pollen grains attached to hairy abdomen

Die Unterlippe dient als Landeplatz für die Biene
Labellum (lip) forming landing stage for bee

Kelchblatt
Sepal

Der lange Griffel senkt sich abwärts, wenn die Biene landet
Long style curves downwards when bee enters flower

Die erwachsene, empfangsbereite Narbe streift den Bienenhinterleib und nimmt dabei Pollen auf
Mature, receptive stigma touches bee's abdomen, picking up pollen

1. DIE BIENE BESUCHT EINE BLÜTE MIT AUS-GEWACHSENEM STAUBBEUTEL, ABER UNREIFER NARBE

1. BEE VISITS FLOWER WITH MATURE ANTHERS BUT IMMATURE STIGMA

2. DIE BIENE FLIEGT ZU EINER ANDEREN BLÜTE

2. IT FLIES TO ANOTHER FLOWER

3. DIE BIENE BESUCHT EINE BLÜTE, BEI DER DIE STAUBBEUTEL VERWELKT SIND UND DIE NARBE AUSGEREIFT IST

3. IT VISITS FLOWER WHERE THE ANTHERS HAVE WITHERED AND THE STIGMA IS MATURE

SONNENBLUME BEI NORMALEM UND ULTRAVIOLETTEM LICHT
SUNFLOWER UNDER NORMAL AND ULTRAVIOLET LIGHT

Zentrum der Scheibenblüten
Central area of disc florets

Strahlenblüte
Ray floret

NORMALES LICHT
NORMAL LIGHT

Kronblatt
Petal

Fruchtknoten
Ovary

Narbe
Stigma

Staubblatt
Stamen

Staubfaden
Filament

Staubbeutel
Anther

NORMALES LICHT
NORMAL LIGHT

JOHANNISKRAUT UNTER NORMALEM UND ULTRAVIOLETTEM LICHT
ST JOHN'S WORT

Das Saftmal führt die Insekten zum dunkleren, mittleren Teil der Blüte
Honey guide directs insects to dark, central part of flower

Heller äußerer Teil der Strahlenblüte
Paler, outer part

Dunkler innerer Teil der Strahlenblüte
Darker, inner part

Die Insekten werden vom dunkelsten mittleren Teil der Blüte angezogen, der Nektarien, Staubbeutel und Narben enthält
Insects attracted to darkest, central part of flower, which contains nectaries, anthers and stigmas

Dunkles Zentrum, das Nektarien, Staubbeutel und Narben enthält
Dark central area containing nectaries, anthers, and stigmas

ULTRAVIOLETTES LICHT
ULTRAVIOLET LIGHT

ULTRAVIOLETTES LICHT
ULTRAVIOLET LIGHT

Keimöffnung
Pore

Äußere Pollenkornwand
Exine (outer coat of pollen grain)

MIMULOPSIS SOLMSII
MIMULOPSIS SOLMSII

Entwicklungsnarbe
Development scar

Äußere Pollenkornwand
Exine

ALPENBERGFLACHS
THESIUM ALPINUM

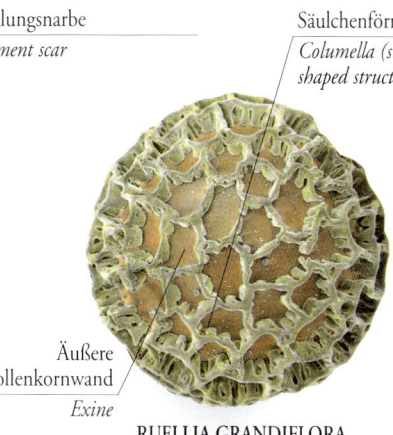

Säulchenförmige Bildung
Columella (small column-shaped structure)

Äußere Pollenkornwand
Exine

RUELLIA GRANDIFLORA
RUELLIA GRANDIFLORA

Keimfalte (langgestreckte Keimstelle)
Colpus (furrow-shaped aperture)

Äußere Pollenkornwand
Exine

Dreikeimfaltiges Pollenkorn
Tricolpate (3 colpae)

FRANSENBEUTEL
CROSSANDRA NILOTICA

BEFRUCHTUNG / *FERTILIZATION*

Die Verschmelzung von männlichen und weiblichen Keimzellen wird Befruchtung genannt. Dabei entsteht die Zygote. Nach der Bestäubung (s. S. 38–39) befindet sich das Pollenkorn, das die männlichen Keimzellen enthält, auf der Narbe. Es ist damit immer noch von der weiblichen Keimzelle getrennt, die in der Samenanlage liegt. Damit eine Befruchtung stattfinden kann, bildet das Pollenkorn einen Pollenschlauch aus. Dieser wächst bis zum Embryosack, dem inneren Teil der Samenanlage, der die Eizelle enthält. Mit dem Pollenschlauch gelangen zwei männliche Keimzellen in den Embryosack. Eine der beiden Keimzellen und die Eizelle verschmelzen zu einer Zygote, die sich zur Keimpflanze entwickelt. Die andere Keimzelle verschmilzt mit zwei Polkernen, und es entsteht das Endosperm. Dieses stellt die Nahrungsquelle für den wachsenden Embryo dar. Die Befruchtung löst noch andere Vorgänge aus: Das Integument (äußerer Teil der Samenanlage) bildet die Testa (Samenhülle) um den Embryo und das Endosperm. Außerdem fallen die Kronblätter ab, während Narbe und Griffel verwelken. Weiterhin bildet die Fruchtknotenwand (Perikarp) eine Hülle um den Samen. Der Same und die Fruchtknotenwand bilden gemeinsam die Frucht, die entweder saftig (s. S. 42–43) oder trocken (s. S. 44–45) sein kann. Bei manchen Arten, z.B. Brombeere, kann Apomixie auftreten. Dies bedeutet, daß sich Same und Frucht ohne Befruchtung entwickeln.

BANANE
BANANA
(MUSA 'LACATAN')

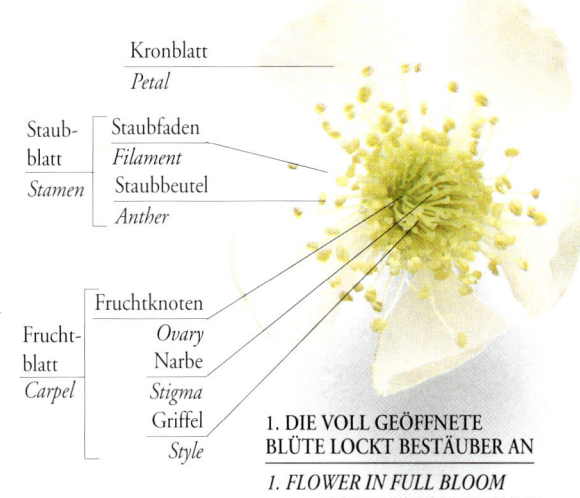

Kronblatt
Petal

Staub-blatt — Staubfaden
Stamen — *Filament*
Staubbeutel
Anther

Frucht-blatt — Fruchtknoten
Ovary
Narbe
Carpel — *Stigma*
Griffel
Style

1. DIE VOLL GEÖFFNETE BLÜTE LOCKT BESTÄUBER AN

1. FLOWER IN FULL BLOOM ATTRACTS POLLINATORS

Endokarp (innere Schicht der Fruchthülle)
Endocarp (inner layer of pericarp)

Abgestorbener Same
Abortive seeds

Reste eines Griffels
Remains of style

Mesokarp (mittlere Schicht der Fruchthülle)
Mesocarp (middle layer of pericarp)

Fruchtblatt
Carpel

Blütenboden
Receptacle

Exokarp (äußere Schicht der Fruchthülle)
Exocarp (outer layer of pericarp)

Reste eines Staubblattes
Remains of stamen

Kelchblatt
Sepal

Blütenstiel
Pedicel

4. DURCH DIE FRUCHTHÜLLE WERDEN FLEISCH, HAUT UND DIE HARTE, INNERE SCHICHT (IM QUERSCHNITT GEZEIGT) GEBILDET

4. PERICARP FORMS FLESH, SKIN, AND A HARD INNER LAYER (SHOWN IN CROSS-SECTION)

ENTWICKLUNG EINER SAFTFRUCHT Brombeere
DEVELOPMENT OF A SUCCULENT FRUIT Blackberry
(RUBUS FRUTICOSUS)

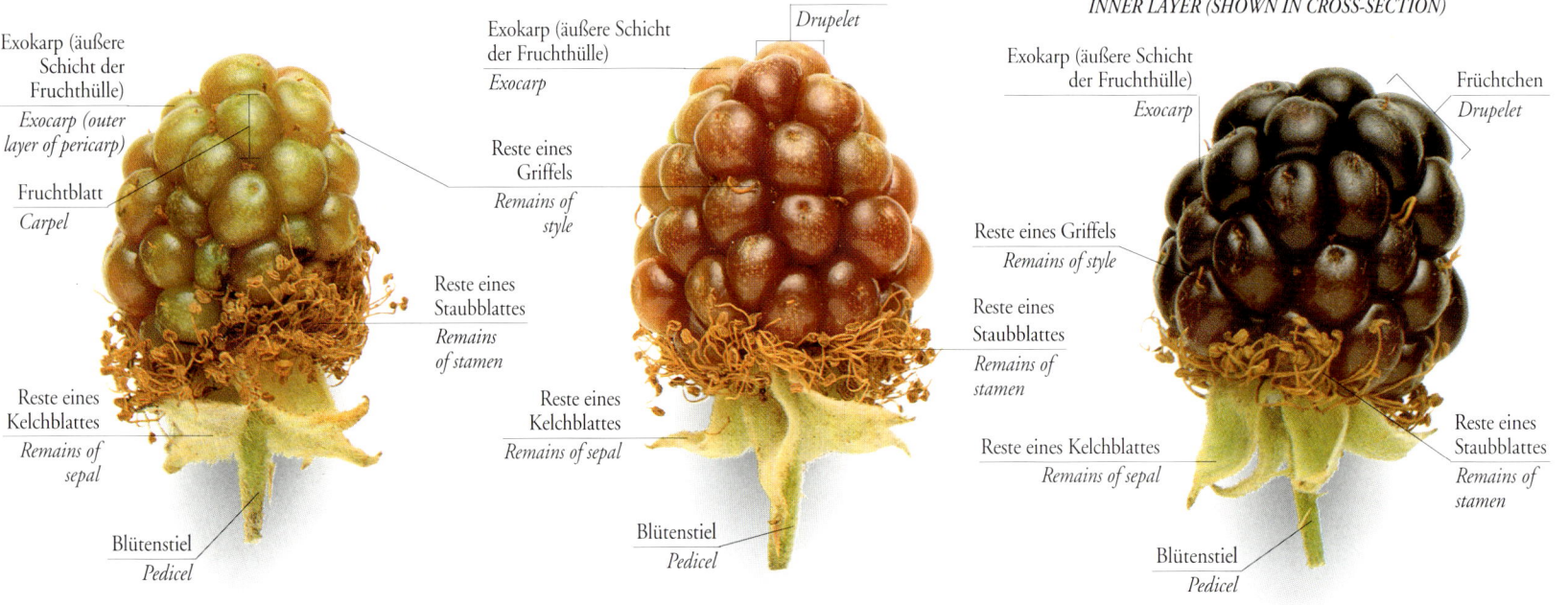

Exokarp (äußere Schicht der Fruchthülle)
Exocarp (outer layer of pericarp)

Fruchtblatt
Carpel

Reste eines Staubblattes
Remains of stamen

Reste eines Kelchblattes
Remains of sepal

Blütenstiel
Pedicel

Früchtchen
Drupelet

Exokarp (äußere Schicht der Fruchthülle)
Exocarp

Reste eines Griffels
Remains of style

Reste eines Kelchblattes
Remains of sepal

Blütenstiel
Pedicel

Früchtchen
Drupelet

Exokarp (äußere Schicht der Fruchthülle)
Exocarp

Reste eines Griffels
Remains of style

Reste eines Staubblattes
Remains of stamen

Reste eines Kelchblattes
Remains of sepal

Reste eines Staubblattes
Remains of stamen

Blütenstiel
Pedicel

7. DAS MESOKARP (FLEISCHIGER TEIL DER FRUCHTHÜLLE) BEGINNT SEINE FARBE ZU ÄNDERN

7. MESOCARP (FLESHY PART OF PERICARP) OF EACH CARPEL STARTS TO CHANGE COLOUR

8. DIE FRUCHTBLÄTTER WACHSEN ZU STEINFRÜCHTEN HERAN (KLEINE, FLEISCHIGE FRÜCHTE MIT EINZELNEN SAMEN, DIE VON HARTEM ENDOKARP UMGEBEN SIND)

8. CARPELS MATURE INTO DRUPELETS (SMALL FLESHY FRUITS WITH SINGLE SEEDS SURROUNDED BY HARD ENDOCARP)

9. DAS MESOKARP DER STEINFRÜCHTCHEN WIRD DUNKLER UND SÜSSER

9. MESOCARP OF DRUPELET BECOMES DARKER AND SWEETER

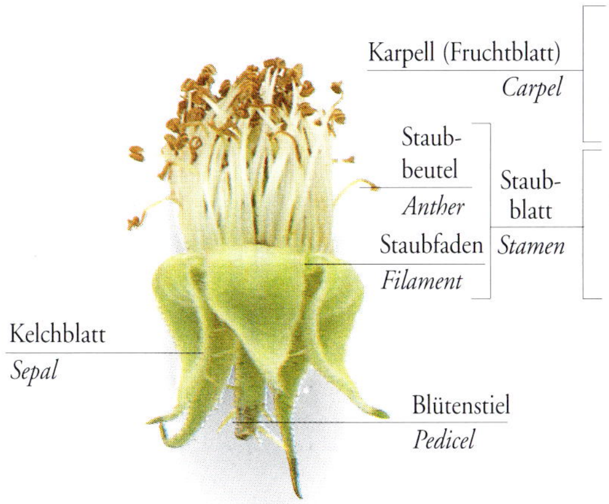

Karpell (Fruchtblatt)
Carpel

Staub-beutel
Anther

Staub-blatt
Stamen

Staubfaden
Filament

Kelchblatt
Sepal

Blütenstiel
Pedicel

**2. NACH DER BEFRUCHTUNG
FALLEN DIE KRONBLÄTTER AB**

*2. FERTILIZATION HAS TAKEN
PLACE; PETALS FALL OFF*

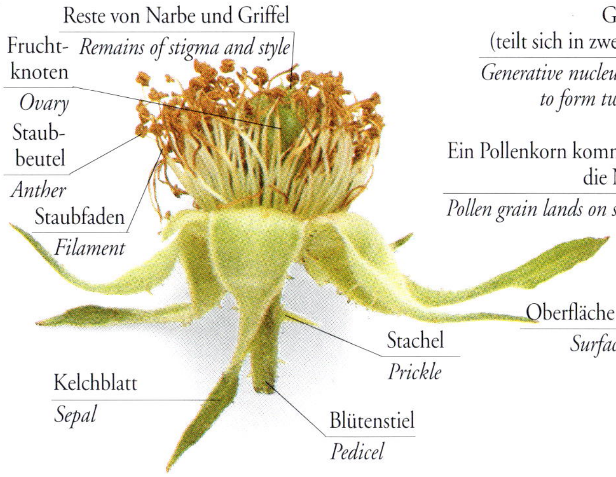

Reste von Narbe und Griffel
Remains of stigma and style

Frucht-knoten
Ovary

Staub-beutel
Anther

Staubfaden
Filament

Stachel
Prickle

Kelchblatt
Sepal

Blütenstiel
Pedicel

**3. DIE FRUCHTKNOTEN BEGINNEN ZU WACHSEN;
DIE STAUBBLÄTTER VERWELKEN UND FALLEN AB**

*3. OVARIES BEGIN TO SWELL; STAMENS
WITHER AND DIE*

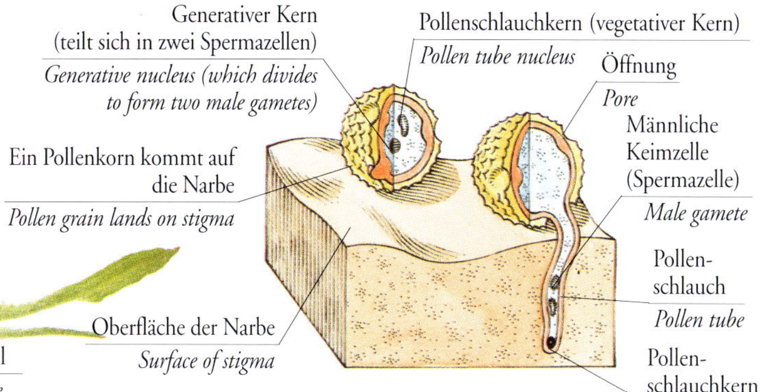

Generativer Kern
(teilt sich in zwei Spermazellen)
*Generative nucleus (which divides
to form two male gametes)*

Ein Pollenkorn kommt auf
die Narbe
Pollen grain lands on stigma

Oberfläche der Narbe
Surface of stigma

Pollenschlauchkern (vegetativer Kern)
Pollen tube nucleus

Öffnung
Pore

Männliche
Keimzelle
(Spermazelle)
Male gamete

Pollen-schlauch
Pollen tube

Pollen-schlauchkern
*Pollen tube
nucleus*

DIE POLLENKORNKEIMUNG
POLLEN GRAIN GERMINATES

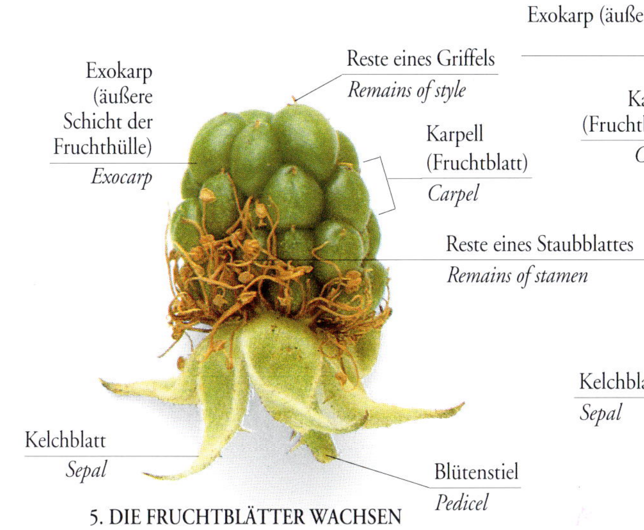

Exokarp
(äußere
Schicht der
Fruchthülle)
Exocarp

Reste eines Griffels
Remains of style

Karpell (Fruchtblatt)
Carpel

Reste eines Staubblattes
Remains of stamen

Kelchblatt
Sepal

Blütenstiel
Pedicel

**5. DIE FRUCHTBLÄTTER WACHSEN
UND WERDEN FLEISCHIGER**

*5. CARPELS EXPAND AND BECOME
MORE FLESHY*

Exokarp (äußere Schicht der
Fruchthülle)
Exocarp

Karpell
(Fruchtblatt)
Carpel

Reste eines Griffels
Remains of style

Kelchblatt
Sepal

**6. DIE FRUCHTBLÄTTER
WACHSEN WEITER**

6. CARPELS EXPAND FURTHER

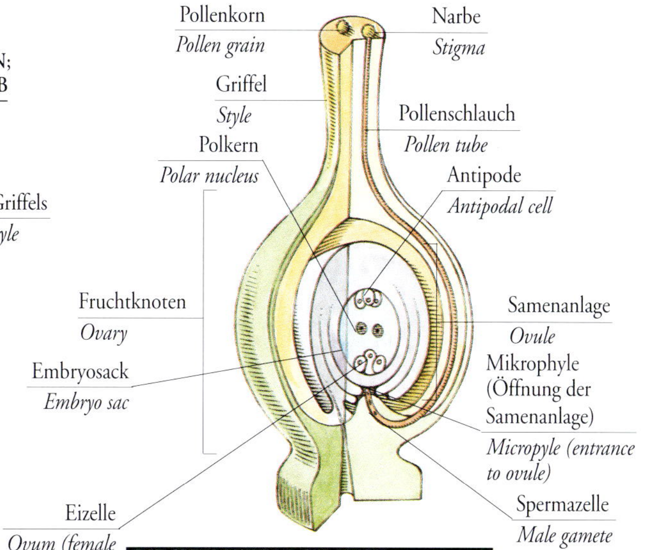

Pollenkorn
Pollen grain

Griffel
Style

Polkern
Polar nucleus

Fruchtknoten
Ovary

Embryosack
Embryo sac

Eizelle
*Ovum (female
gamete)*

Narbe
Stigma

Pollenschlauch
Pollen tube

Antipode
Antipodal cell

Samenanlage
Ovule

Mikrophyle (Öffnung der
Samenanlage)
*Micropyle (entrance
to ovule)*

Spermazelle
Male gamete

**DIE SPERMAZELLE GELANGT
ZUM EMBRYOSACK**

MALE GAMETES TRAVEL TO EMBRYO SAC

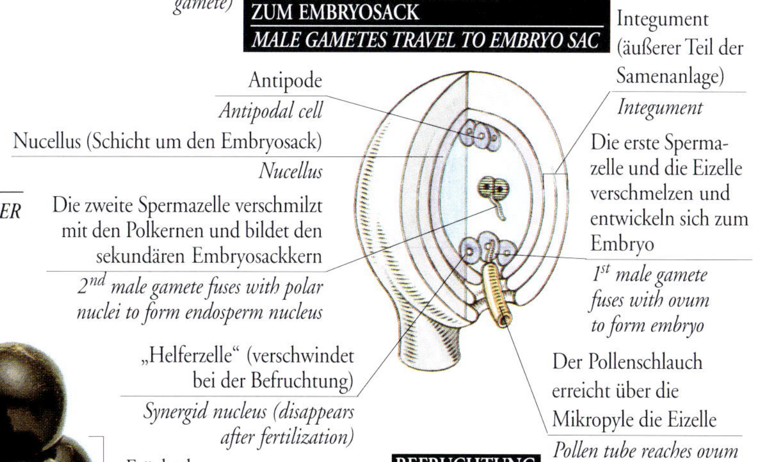

Antipode
Antipodal cell

Nucellus (Schicht um den Embryosack)
Nucellus

Die zweite Spermazelle verschmilzt
mit den Polkernen und bildet den
sekundären Embryosackkern
*2ⁿᵈ male gamete fuses with polar
nuclei to form endosperm nucleus*

„Helferzelle" (verschwindet
bei der Befruchtung)
*Synergid nucleus (disappears
after fertilization)*

Integument
(äußerer Teil der
Samenanlage)
Integument

Die erste Sperma-
zelle und die Eizelle
verschmelzen und
entwickeln sich zum
Embryo
*1ˢᵗ male gamete
fuses with ovum
to form embryo*

Der Pollenschlauch
erreicht über die
Mikropyle die Eizelle
*Pollen tube reaches ovum
via micropyle.*

BEFRUCHTUNG
FERTILIZATION

Exokarp (äußere Schicht
der Fruchthülle)
Exocarp

Reste eines Griffels
Remains of style

Früchtchen
Drupelet

Exokarp (äußere
Schicht der
Fruchthülle)
Exocarp

Reste eines
Staubblattes
*Remains of
stamen*

Reste eines
Kelchblattes
*Remains
of sepal*

Blütenstiel
Pedicel

**10. STEINFRÜCHTCHEN (ZUSAMMEN:
SAMMELSTEINFRUCHT) WACHSEN**

*10. DRUPELETS (COLLECTIVELY AN
AGGREGATE FRUIT) EXPAND*

Reste eines Griffels
Remains of style

Früchtchen
Drupelet

Blütenstiel
Pedicel

Reste eines
Kelchblattes
*Remains
of sepal*

11. DIE STEINFRÜCHTE REIFEN AUS

11. DRUPELETS RIPEN FULLY

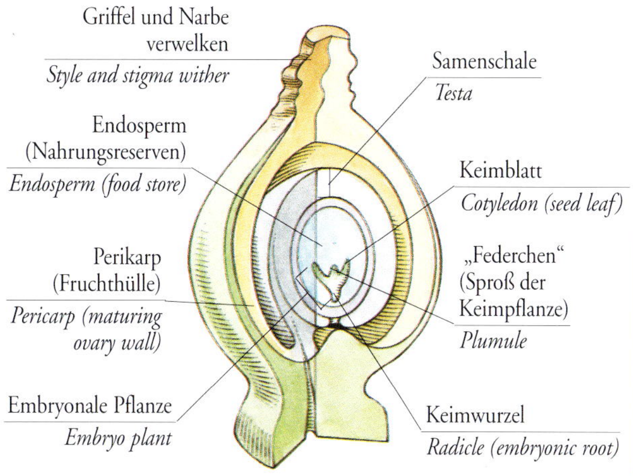

Griffel und Narbe
verwelken
Style and stigma wither

Endosperm
(Nahrungsreserven)
Endosperm (food store)

Perikarp
(Fruchthülle)
*Pericarp (maturing
ovary wall)*

Embryonale Pflanze
Embryo plant

Samenschale
Testa

Keimblatt
Cotyledon (seed leaf)

„Federchen"
(Sproß der
Keimpflanze)
Plumule

Keimwurzel
Radicle (embryonic root)

ENTWICKLUNG DES EMBRYOS
DEVELOPMENT OF EMBRYO

SAFTFRÜCHTE / *SUCCULENT FRUITS*

Einen voll entwickelten und gereiften Fruchtknoten (samenbildender Teil des weiblichen Fortpflanzungsorgans) bezeichnet man als Frucht. Früchte können saftig oder trocken sein (s. S. 44–45). Die Saftfrüchte sind fleischig, leuchtend gefärbt und wohlschmeckend. Die Fruchtwand einer Saftfrucht besteht aus drei Schichten: einem äußeren Exokarp, einem mittleren Mesokarp und einem inneren Endokarp. Je nach Fruchttyp variieren diese drei Schichten in Stärke und Struktur; teilweise gehen sie auch ineinander über. Die Einteilung der Saftfrüchte kann unter anderem in Einzel- (aus einem Fruchtknoten entstanden) oder Sammelfrüchte (aus mehreren Fruchtknoten entstanden) erfolgen. Zu den Einzelsaftfrüchten gehören Beeren, die meistens viele Samen haben, und Steinfrüchte, die gewöhnlich nur einen Samen (z. B. Kirsche, Pfirsich) besitzen. Die aus vielen Fruchtblättern zusammengesetzten Sammelsteinfrüchte gehören zu den Sammelfrüchten. Die Früchte eines Blütenstandes können auch zu einem Fruchtstand vereinigt sein. Sind außer den Fruchtblättern weitere Blütenteile am Fruchtaufbau beteiligt, so spricht man von Scheinfrüchten. Als Beispiel ist das Fruchtfleisch des Apfels, das aus dem Blütenboden hervorgeht, zu nennen.

BEERE Kakaobaum
BERRY Cocoa
(*THEOBROMA CACAO*)

AUSSENANSICHT DER FRUCHT
EXTERNAL VIEW

Fruchtstiel
Pedicel

Ledriges Exokarp
Leathery exocarp

Endokarp (innere Schicht der Fruchthülle)
Endocarp

Mesokarp (mittlere Schicht der Fruchthülle)
Mesocarp

LÄNGSSCHNITT DURCH DIE FRUCHT
LONGITUDINAL SECTION

Exokarp (äußere Schicht der Fruchthülle)
Exocarp

Same
Seed

Saftschläuche
Vesicle (juice sac)

Öldrüse
Oil gland

Reste eines Griffels
Remains of style

Plazenta
Placenta

BEERE Zitrone
HESPERIDIUM (TYPE OF BERRY) Lemon
(*CITRUS LIMON*)

Nabel (Anheftungsstelle am Fruchtknoten)
Hilum (point of attachment to ovary)

Testa (Samenschale)
Testa

Keimling
Embryo

Keimblatt
Cotyledon

Same
Seed

Karpellwand (Scheidewand)
Carpel wall

Karpell (Fruchtblatt)
Carpel

Plazenta
Placenta

AUSSENANSICHT UND SCHNITT DURCH EINEN SAMEN
EXTERNAL VIEW AND SECTION THROUGH SEED

QUERSCHNITT DURCH EINE FRUCHT
CROSS-SECTION

(SCHEINFRUCHT) Feige
SYCONIUM (TYPE OF FALSE FRUIT) Fig
(*FICUS CARICA*)

Blütenstandstiel
Peduncle

Haut
Skin

Reste der weiblichen Blüten
Remains of female flowers

Steinkern (Same durch Endokarp umgeben)
Seed surrounded by endocarp

Durch Schuppen verschlossene Öffnung
Pore closed by scales

Fruchtfleischbildender Blütenboden
Fleshy infolded receptacle

Reste der männlichen Blüten
Remains of male flowers

AUSSENANSICHT DES FRUCHTSTANDES
EXTERNAL VIEW

LÄNGSSCHNITT DURCH EINEN FRUCHTSTAND
LONGITUDINAL SECTION

FRUCHT MIT FLEISCHIGEM SAMENMANTEL Litchibaum
FRUIT WITH FLESHY ARIL Lychee
(*LITCHI CHINENSIS*)

Blütenstiel
Pedicel

Blütenstiel
Pedicel

Same
Seed

Samenmantel (fleischige Ausbildung vom Samenstiel)
Aril (fleshy outgrowth from seed stalk)

Perikarp (Fruchtwand)
Pericarp

Perikarp (Fruchtwand)
Pericarp

AUSSENANSICHT DER FRUCHT
EXTERNAL VIEW

LÄNGSSCHNITT DURCH DIE FRUCHT
LONGITUDINAL SECTION

Reste eines Griffels
Remains of style

Steinfrüchtchen
Drupelet

Blütenstiel
Pedicel

RESTE EINER WEIBLICHEN BLÜTE
REMAINS OF SINGLE FEMALE FLOWER

Endokarp (innere Schicht der Fruchtwand)
Pericarp

Endokarp (innere Schicht der Fruchtwand)
Pericarp

Keimling
Embryo

Keimblatt
Cotyledon

Testa (Samenschale)
Testa

AUSSENANSICHT UND SCHNITT DURCH EINEN STEINKERN
EXTERNAL VIEW AND SECTION THROUGH PIP

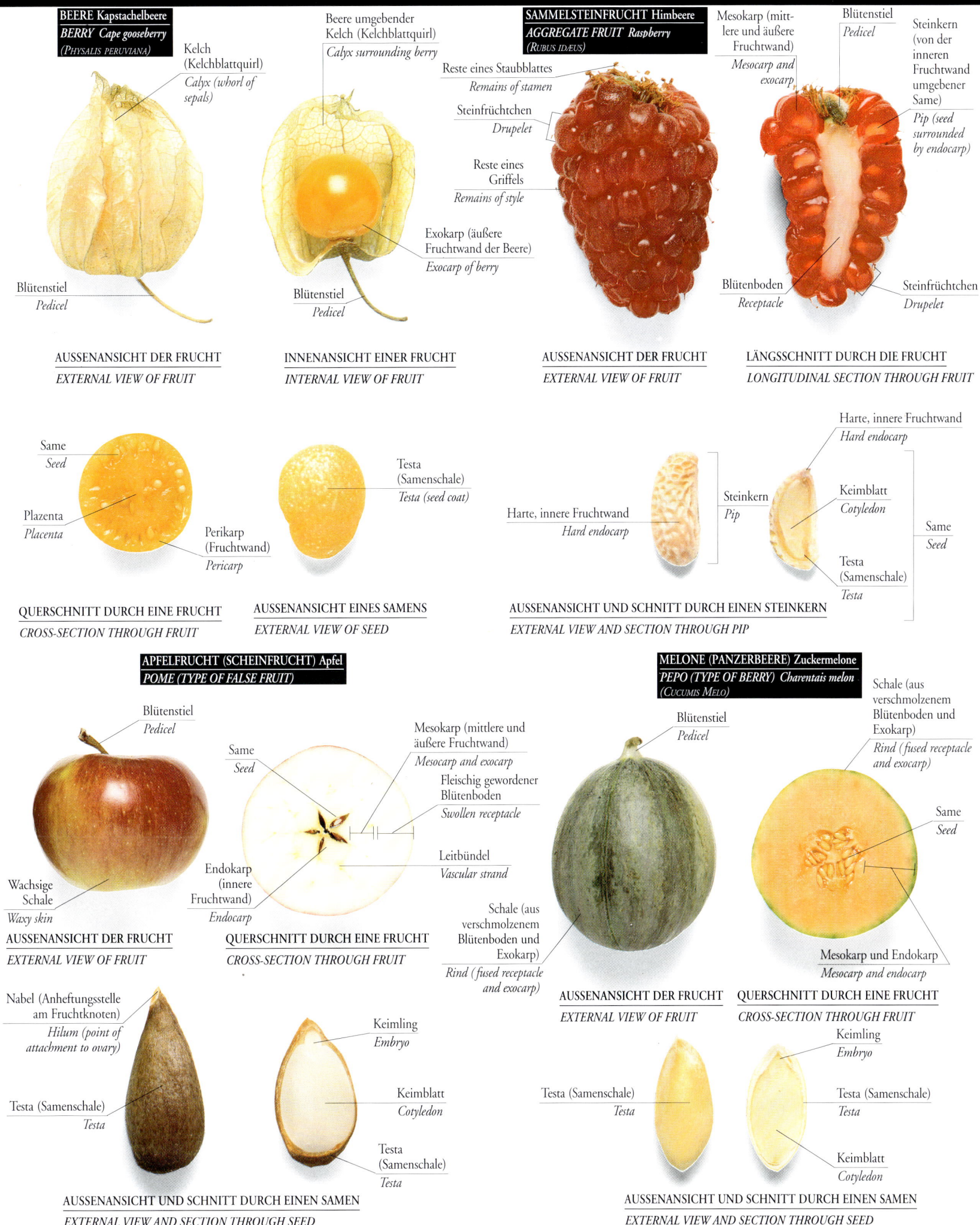

BEERE Kapstachelbeere
BERRY Cape gooseberry
(PHYSALIS PERUVIANA)

Kelch
(Kelchblattquirl)
*Calyx (whorl of
sepals)*

Blütenstiel
Pedicel

AUSSENANSICHT DER FRUCHT
EXTERNAL VIEW OF FRUIT

Beere umgebender
Kelch (Kelchblattquirl)
Calyx surrounding berry

Blütenstiel
Pedicel

Exokarp (äußere
Fruchtwand der Beere)
Exocarp of berry

INNENANSICHT EINER FRUCHT
INTERNAL VIEW OF FRUIT

SAMMELSTEINFRUCHT Himbeere
AGGREGATE FRUIT Raspberry
(RUBUS IDÆUS)

Reste eines Staubblattes
Remains of stamen

Steinfrüchtchen
Drupelet

Reste eines
Griffels
Remains of style

AUSSENANSICHT DER FRUCHT
EXTERNAL VIEW OF FRUIT

Mesokarp (mitt-
lere und äußere
Fruchtwand)
*Mesocarp and
exocarp*

Blütenstiel
Pedicel

Steinkern
(von der
inneren
Fruchtwand
umgebener
Same)
*Pip (seed
surrounded
by endocarp)*

Blütenboden
Receptacle

Steinfrüchtchen
Drupelet

LÄNGSSCHNITT DURCH DIE FRUCHT
LONGITUDINAL SECTION THROUGH FRUIT

Same
Seed

Plazenta
Placenta

Perikarp
(Fruchtwand)
Pericarp

QUERSCHNITT DURCH EINE FRUCHT
CROSS-SECTION THROUGH FRUIT

Testa
(Samenschale)
Testa (seed coat)

AUSSENANSICHT EINES SAMENS
EXTERNAL VIEW OF SEED

Harte, innere Fruchtwand
Hard endocarp

Steinkern
Pip

Harte, innere Fruchtwand
Hard endocarp

Keimblatt
Cotyledon

Testa
(Samenschale)
Testa

Same
Seed

AUSSENANSICHT UND SCHNITT DURCH EINEN STEINKERN
EXTERNAL VIEW AND SECTION THROUGH PIP

APFELFRUCHT (SCHEINFRUCHT) Apfel
POME (TYPE OF FALSE FRUIT)

Blütenstiel
Pedicel

Wachsige
Schale
Waxy skin

AUSSENANSICHT DER FRUCHT
EXTERNAL VIEW OF FRUIT

Same
Seed

Endokarp
(innere
Fruchtwand)
Endocarp

Mesokarp (mittlere und
äußere Fruchtwand)
Mesocarp and exocarp

Fleischig gewordener
Blütenboden
Swollen receptacle

Leitbündel
Vascular strand

QUERSCHNITT DURCH EINE FRUCHT
CROSS-SECTION THROUGH FRUIT

Nabel (Anheftungsstelle
am Fruchtknoten)
*Hilum (point of
attachment to ovary)*

Testa (Samenschale)
Testa

Keimling
Embryo

Keimblatt
Cotyledon

Testa
(Samenschale)
Testa

AUSSENANSICHT UND SCHNITT DURCH EINEN SAMEN
EXTERNAL VIEW AND SECTION THROUGH SEED

MELONE (PANZERBEERE) Zuckermelone
PEPO (TYPE OF BERRY) Charentais melon
(CUCUMIS MELO)

Blütenstiel
Pedicel

Schale (aus
verschmolzenem
Blütenboden und
Exokarp)
*Rind (fused receptacle
and exocarp)*

Schale (aus
verschmolzenem
Blütenboden und
Exokarp)
*Rind (fused receptacle
and exocarp)*

AUSSENANSICHT DER FRUCHT
EXTERNAL VIEW OF FRUIT

Same
Seed

Mesokarp und Endokarp
Mesocarp and endocarp

QUERSCHNITT DURCH EINE FRUCHT
CROSS-SECTION THROUGH FRUIT

Testa (Samenschale)
Testa

Keimling
Embryo

Testa (Samenschale)
Testa

Keimblatt
Cotyledon

AUSSENANSICHT UND SCHNITT DURCH EINEN SAMEN
EXTERNAL VIEW AND SECTION THROUGH SEED

TROCKENFRÜCHTE / *DRY FRUITS*

Bei den Trockenfrüchten sind die Samen von einem harten und trockenen Perikarp (Fruchtwand) umgeben. Sie werden in drei Gruppen eingeteilt: die Öffnungsfrüchte, bei denen das Perikarp aufspringt, um die Samen zu entlassen; die Schließfrüchte, die nicht aufreißen, und schließlich die Spaltfrüchte, bei denen die Früchte zerfallen, aber die Samen nicht freigesetzt werden. Zu den sich öffnenden Trockenfrüchten gehören Kapseln (z. B. Jungfer im Grünen), Bälge (z. B. Rittersporn), Hülsen (z. B. Erbse) und Schoten (z. B. Silberblatt). In der Regel werden die Samen der Öffnungsfrüchte durch den Wind transportiert. Die Schließfrüchte umfassen Nüsse (z. B. Edelkastanie), Nüßchen (z. B. Klebkraut), Sammelnußfrüchte (z. B. Erdbeere), Karyopsen (z. B. Weizen), Flügelnüsse (z. B. Ulme) und Achaenen (z. B. Löwenzahn). Einige Schließfrüchte werden durch den Wind verbreitet. „Flügel" (z. B. Ulme) oder „Fallschirme" (z. B. Löwenzahn) unterstützen ihre Schwebefähigkeit. Andere hingegen (z. B. Klebkraut) haften mit ihrem hakigen Perikarp an Fellen von Tieren und werden auf diese Weise verbreitet. Die Früchte des Bärenklaus und des Bergahorns gehören zu den Spaltfrüchten.

NÜSSCHEN Klebkraut
NUTLET Goosegrass
(*GALIUM APARINE*)

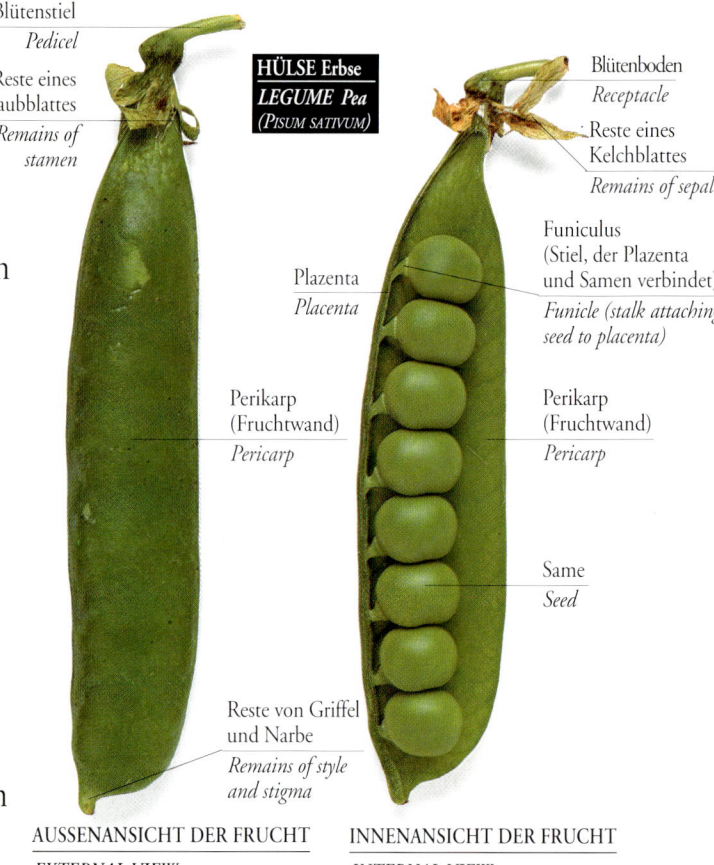

Blütenstiel
Pedicel

Reste eines Staubblattes
Remains of stamen

HÜLSE Erbse
LEGUME Pea
(*PISUM SATIVUM*)

Blütenboden
Receptacle

Reste eines Kelchblattes
Remains of sepal

Plazenta
Placenta

Funiculus (Stiel, der Plazenta und Samen verbindet)
Funicle (stalk attaching seed to placenta)

Perikarp (Fruchtwand)
Pericarp

Perikarp (Fruchtwand)
Pericarp

Same
Seed

Reste von Griffel und Narbe
Remains of style and stigma

AUSSENANSICHT DER FRUCHT
EXTERNAL VIEW

INNENANSICHT DER FRUCHT
INTERNAL VIEW

NUSS Edelkastanie
NUT Sweet chestnut
(*CASTANEA SATIVA*)

Öffnungsstelle zwischen den Klappen der Cupula
Line of splitting between valves of cupule

Blütenstandstiel
Peduncle

Reste eines männlichen Blütenstandes
Remains of male inflorescence

Stachelige Cupula (aus dem Blütenboden gebildete Schale um die Früchte)
Spiky cupule (husk around fruit formed from bracts)

Nuß (Schließfrucht)
Nut

AUSSENANSICHT EINER DURCH EINE CUPULA UMGEBENEN FRUCHT
EXTERNAL VIEW OF FRUIT WITH SURROUNDING CUPULE

Funiculus (Stiel, der Plazenta und Samen verbindet)
Funicle

Mikrophyle (Öffnung zur Wasseraufnahme)
Micropyle (pore for water absorption)

Testa (Samenschale)
Testa

Keimblatt
Cotyledon

Keimwurzel
Radicle

Plumula (embryonaler Sproß)
Plumule

Testa (Samenschale)
Testa

AUSSENANSICHT UND SCHNITT DURCH DEN SAMEN
EXTERNAL VIEW AND SECTION THROUGH SEED

SAMMELNUSSFRUCHT Erdbeere
AGGREGATE FRUIT Strawberry
(*FRAGARIA X ANANASSA*)

Blütenstiel
Pedicel

Kelchblatt
Sepal

Fleischige Blütenachse
Swollen receptacle

Reste von Narbe und Griffel
Remains of stigma and style

Nüßchen (einsamige Trockenfrucht)
Nutlet (one-seeded dry fruit)

Blütenstiel
Pedicel

Kelchblatt
Sepal

Verdickte fleischige Blütenachse
Swollen fleshy tissues of receptacle

AUSSENANSICHT EINER FRUCHT
EXTERNAL VIEW OF FRUIT

LÄNGSSCHNITT DURCH EINE FRUCHT
LONGITUDINAL SECTION THROUGH FRUIT

Reste der Narbe
Remains of stigma

Reste eines Griffels
Remains of style

Nuß (Schließfrucht)
Nut (indehiscent fruit)

Keimling
Embryo

Keimblatt
Cotyledon

Testa (Samenschale)
Testa

Verholzte Fruchtwand
Woody pericarp

Verholztes Perikarp
Woody pericarp

AUSSENANSICHT UND SCHNITT DURCH EINE FRUCHT
EXTERNAL VIEW AND SECTION THROUGH FRUIT

Perikarp (Fruchtwand)
Pericarp

Perikarp (Fruchtwand)
Pericarp

Keimblatt
Cotyledon

Testa (Samenschale)
Testa

AUSSENANSICHT UND SCHNITT DURCH EINE FRUCHT
EXTERNAL VIEW AND SECTION THROUGH FRUIT

Reste eines Kelchblattes
Remains of sepal

Samen umschließendes Perikarp
Pericarp enclosing single seed

Same
Seed

Reste von Narbe und Griffel
Remains of stigma and style

Merikarp (Teilfrucht)
Mericarp (half-fruit)

Zu einem Flügel verlängertes und abgeflachtes Perikarp, das zur Windausbreitung dient
Pericarp extended and flattened to form wing that assists in wind dispersal

Testa (Samenschale)
Testa

SPALTFRUCHT Bergahorn
DOUBLE SAMARA Sycamore
(ACER PLATANOIDES)

KAPSEL „Jungfer im Grünen"
CAPSULE Love-in-a-mist
(NIGELLA DAMASCENA)

SPALTFRUCHT Bärenklau
CREMOCARP Hogweed
(HERACLEUM SP.)

Gefiederte Blattorgane
Branching bracteole

Öffnungsstelle
Line of dehiscence (splitting)

Rest eines Griffels
Remains of style

Plazenta
Placenta

Ölstrieme
Vitta

Abgeflachte Karpellwand
Flattened pericarp

Verschmolzene Fruchtblatt-ränder
Fused edge of carpels

Karpellwand
Carpel wall

Same
Seed

Testa (Samenschale)
Testa

Blütenboden
Receptacle

Perikarp (Fruchtwand)
Pericarp

AUSSENANSICHT EINES SAMENS
EXTERNAL VIEW OF SEED

Blütenstiel
Pedicel

Blütenstiel
Pedicel

Verkümmerte Samenanlage
Abortive ovule

AUSSENANSICHT EINER FRUCHT
EXTERNAL VIEW OF FRUIT

Samen umgebendes Perikarp
Pericarp covering seed

Perikarp
Pericarp

Fruchtträger (Leitbündelstrang)
Carpophore

AUSSENANSICHT EINER FRUCHT
EXTERNAL VIEW OF FRUIT

LÄNGSSCHNITT DURCH EINE FRUCHT
LONGITUDINAL SECTION THROUGH FRUIT

Ölstrieme
Vitta

Einsamige Teilfrucht
One-seeded mericarp

Karpellwand
Carpel wall

Plazenta
Placenta

Strukturierte Samenschale
Sculptured testa

Keimblatt
Cotyledon

Same
Seed

Testa (Samenschale)
Testa

Perikarp (Fruchtwand)
Pericarp

Karpell (Fruchtblatt)
Carpel

Blütenstiel
Pedicel

QUERSCHNITT DURCH EINE FRUCHT
CROSS-SECTION THROUGH FRUIT

AUSSENANSICHT UND SCHNITT DURCH EINEN SAMEN
EXTERNAL VIEW AND SECTION THROUGH SEED

ANSICHT VON GETRENNTEN FRUCHTBLÄTTERN
VIEW OF SEPARATED CARPELS

Reste von Griffel und Narbe
Remains of style and stigma

BALG Rittersporn
FOLLICLE Larkspur
(DELPHINIUM SP.)

Öffnung des Fruchtblattes entlang der Bauchnaht
Carpel split open along one side

SCHOTE Silberblatt
SILIQUA Honesty
(LUNARIA ANNUA)

Reste von Narbe und Griffel
Remains of stigma and style

Testa (Samenschale)
Testa

Falsche Scheidewand
False septum

Perikarp (Fruchtwand)
Pericarp

Same
Seed

Plazenta
Placenta

Die flache Kante der Samenschale unterstützt die Ausbreitung der Samen
Flattened edge of testa aids dispersal of seed

Perikarp (Frucht-wand)
Pericarp

Same
Seed

Aus der Fruchtwand gebildete Klappe
Valve of pericarp

Nabel (Verbindungsstelle mit dem Fruchtknoten)
Hilum (point of attachment to ovary)

Das Fruchtblatt reißt auf und setzt die Samen frei
Carpel split open, exposing seeds

Keimling
Embryo

Keimblatt
Cotyledon

Blütenboden
Receptacle

Rahmen (Wulst, welche die falsche Scheidewand umgibt)
Replum (ridge surrounding false septum)

TEILE EINER GEÖFFNETEN FRUCHT
PARTS OF SPLIT-OPEN FRUIT

Blütenstiel
Pedicel

AUSSENANSICHT UND SCHNITT DURCH EINEN SAMEN
EXTERNAL VIEW AND SECTION THROUGH SEED

Blütenstiel
Pedicel

Perikarp (Fruchtwand)
Pericarp

KEIMUNG / *GERMINATION*

Den Vorgang, bei dem sich aus einem Samen eine Keimpflanze entwickelt, bezeichnet man als Keimung. Zu Beginn wird der im Boden ruhende Samen aktiv. Der Keimungsvorgang endet, wenn die ersten Blättchen erscheinen. Ein Same besteht aus einem Embryo und dessen Nährgewebe sowie der umhüllenden Samenschale (Testa). Der Embryo hat gewöhnlich ein oder zwei Keimblätter, die mit einer Hauptachse verbunden sind. Der obere Teil des Achsenkörpers besteht aus einem Epikotyl, an dessen Spitze sich die Plumula (embryonaler Sproß) befindet. Der untere Teil des Achsenkörpers setzt sich aus einem Hypokotyl und der Radicula (Keimwurzel) zusammen. Nach der Trennung von der Mutterpflanze trocknet der Same und durchläuft eine Ruheperiode. Voraussetzungen für den Beginn der Keimung sind Wasser, Wärme, Sauerstoff und manchmal auch Licht. Zunächst nimmt der Same Wasser auf. Danach beginnt der Embryo seine Reserven aufzuzehren. Die Keimwurzel schwillt an, durchbricht die Samenschale und wächst nach unten. Je nach Samen gibt es zwei verschiedene Arten der weiteren Entwicklung. Bei der epigäischen Keimung streckt sich das Hypokotyl des Samens und hebt die Plumula mit ihren schützenden Keimblättern aus der Erde, wohingegen bei der hypogäischen Keimung die Keimblätter im Boden bleiben. Das Epikotyl streckt sich und schiebt die Plumula nach oben.

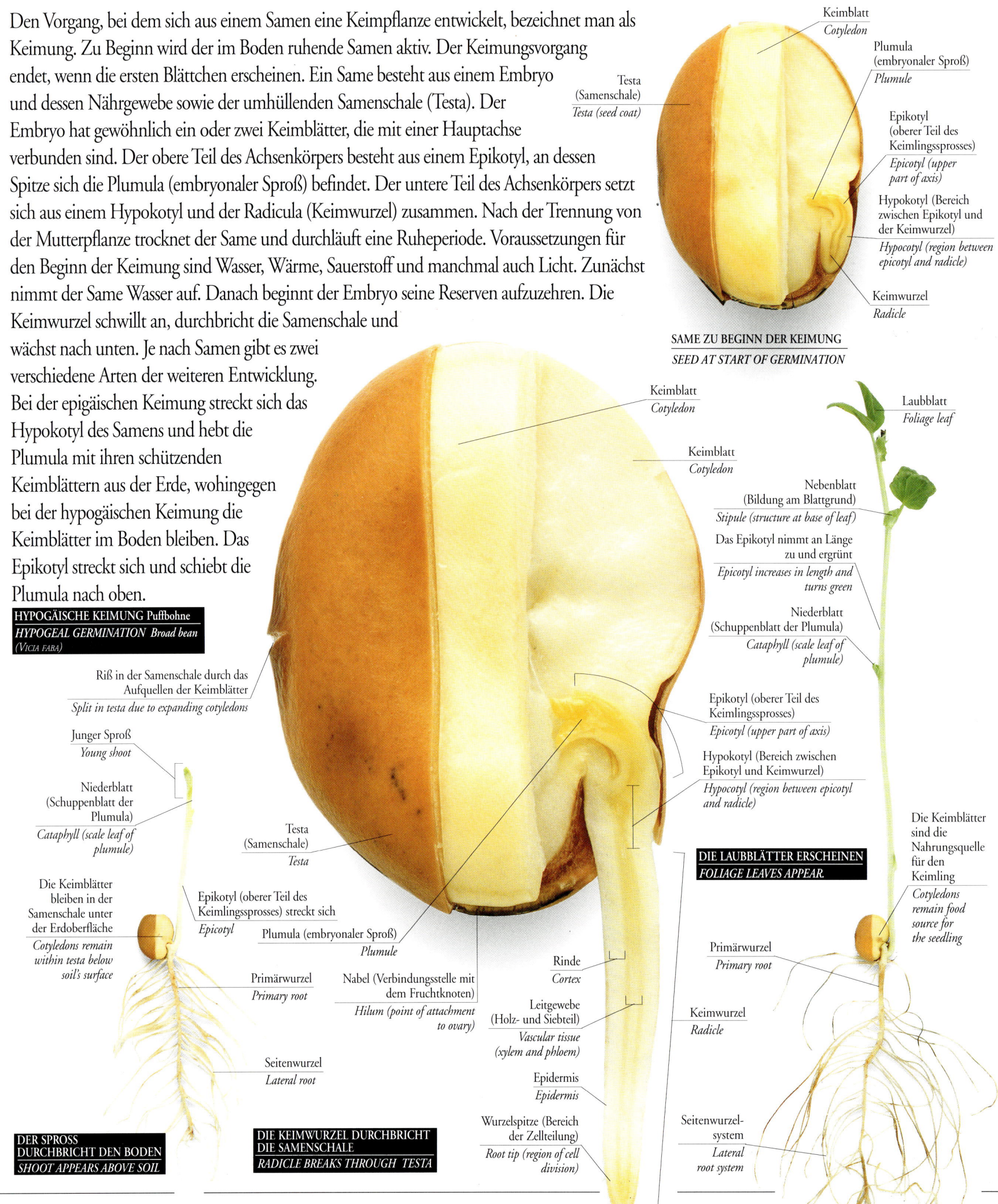

Keimblatt
Cotyledon

Plumula (embryonaler Sproß)
Plumule

Epikotyl (oberer Teil des Keimlingssprosses)
Epicotyl (upper part of axis)

Testa (Samenschale)
Testa (seed coat)

Hypokotyl (Bereich zwischen Epikotyl und der Keimwurzel)
Hypocotyl (region between epicotyl and radicle)

Keimwurzel
Radicle

SAME ZU BEGINN DER KEIMUNG
SEED AT START OF GERMINATION

Keimblatt
Cotyledon

Keimblatt
Cotyledon

Laubblatt
Foliage leaf

Nebenblatt (Bildung am Blattgrund)
Stipule (structure at base of leaf)

Das Epikotyl nimmt an Länge zu und ergrünt
Epicotyl increases in length and turns green

Niederblatt (Schuppenblatt der Plumula)
Cataphyll (scale leaf of plumule)

Epikotyl (oberer Teil des Keimlingssprosses)
Epicotyl (upper part of axis)

Hypokotyl (Bereich zwischen Epikotyl und Keimwurzel)
Hypocotyl (region between epicotyl and radicle)

HYPOGÄISCHE KEIMUNG Puffbohne
HYPOGEAL GERMINATION Broad bean
(VICIA FABA)

Riß in der Samenschale durch das Aufquellen der Keimblätter
Split in testa due to expanding cotyledons

Junger Sproß
Young shoot

Niederblatt (Schuppenblatt der Plumula)
Cataphyll (scale leaf of plumule)

Die Keimblätter bleiben in der Samenschale unter der Erdoberfläche
Cotyledons remain within testa below soil's surface

Epikotyl (oberer Teil des Keimlingssprosses) streckt sich
Epicotyl

Testa (Samenschale)
Testa

Plumula (embryonaler Sproß)
Plumule

Primärwurzel
Primary root

Nabel (Verbindungsstelle mit dem Fruchtknoten)
Hilum (point of attachment to ovary)

Seitenwurzel
Lateral root

Rinde
Cortex

Leitgewebe (Holz- und Siebteil)
Vascular tissue (xylem and phloem)

Epidermis
Epidermis

Wurzelspitze (Bereich der Zellteilung)
Root tip (region of cell division)

DIE LAUBBLÄTTER ERSCHEINEN
FOLIAGE LEAVES APPEAR.

Die Keimblätter sind die Nahrungsquelle für den Keimling
Cotyledons remain food source for the seedling

Primärwurzel
Primary root

Keimwurzel
Radicle

Seitenwurzelsystem
Lateral root system

DER SPROSS DURCHBRICHT DEN BODEN
SHOOT APPEARS ABOVE SOIL

DIE KEIMWURZEL DURCHBRICHT DIE SAMENSCHALE
RADICLE BREAKS THROUGH TESTA

Epikotyl (oberer Teil des Achsenkörpers)
Epicotyl (upper part of axis)

Hypokotyl (Bereich zwischen dem Epikotyl und der Keimwurzel)
Hypocotyl

Epikotyl (oberer Teil des Achsenkörpers)
Epicotyl

Plumula (embryonaler Sproß)
Plumule

Keimwurzel
Radicle

Testa (Samenschale)
Testa

Testa (Samenschale)
Testa

Plumula (embryonaler Sproß)
Plumule

Naht
Raphe

Nabel (Verbindungsstelle mit dem Fruchtknoten)
Hilum (point of attachment to ovary)

Testa (Samenschale)
Testa

Nabel (Verbindungsstelle mit dem Fruchtknoten)
Hilum

Keimblatt
Cotyledon

Keimblatt
Cotyledon

Mikrophyle (Öffnung zur Wasseraufnahme)
Micropyle

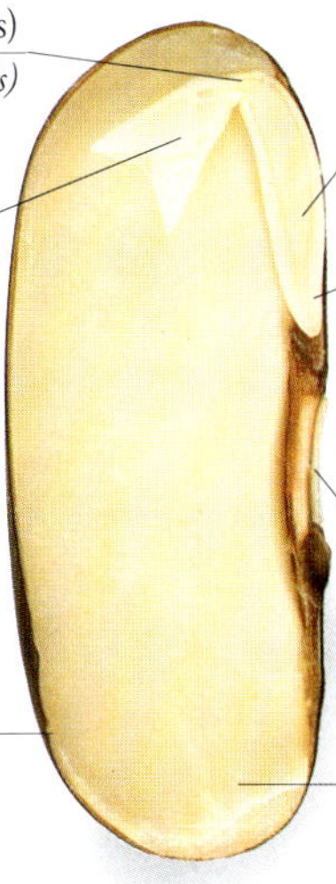

LÄNGSSCHNITT DURCH EINEN SAMEN ZU BEGINN DER KEIMUNG
LONGITUDINAL SECTION THROUGH SEED AT START OF GERMINATION

Hypokotyl (Bereich zwischen Epikotyl und Keimwurzel)
Hypocotyl (region between epicotyl and radicle)

Das erste Laubblatt ist voll entwickelt
First foliage leaf fully grown

Seitenwurzel
Lateral root

Blattstiel
Petiole

Vegetationspunkt
Growing point

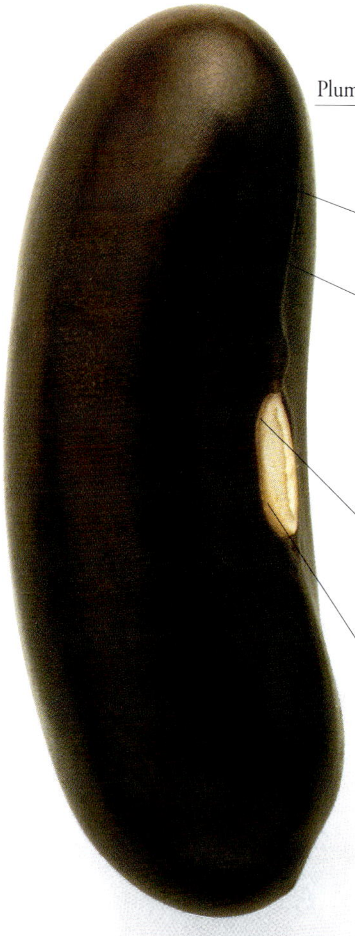

AUSSENANSICHT EINES SAMENS ZU BEGINN DER KEIMUNG
EXTERNAL VIEW OF SEED AT START OF GERMINATION

EPIGÄISCHE KEIMUNG Bohne
EPIGEAL GERMINATION Black bean
(PHASEOLUS SP.)

Verwelkendes Keimblatt
Cotyledon withers

Erstes Laubblatt (geschützt durch die Keimblätter)
First foliage leaf protected by cotyledons

Keimblatt
Cotyledon (seed leaf)

Primärwurzel (gestreckte Keimwurzel)
Primary root (elongated radicle)

Der Hypokotylhaken durchbricht die Erdoberfläche
Hypocotyl "hook" pushes out of soil

Der Bereich zwischen Epikotyl und der Keimwurzel richtet sich auf und streckt sich
Hypocotyl (region between epicotyl and radicle) straightens and lengthens

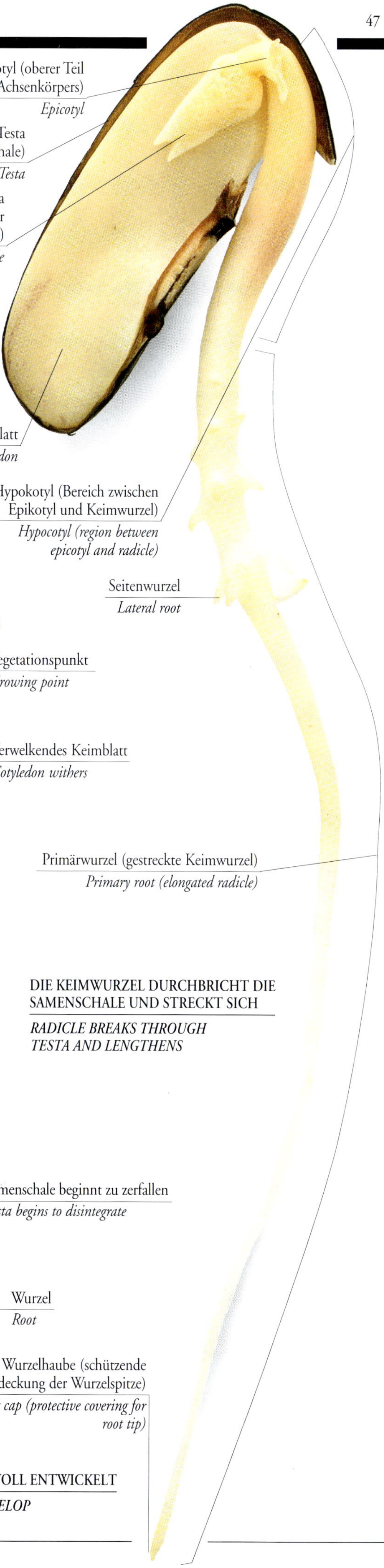

DIE KEIMWURZEL DURCHBRICHT DIE SAMENSCHALE UND STRECKT SICH
RADICLE BREAKS THROUGH TESTA AND LENGTHENS

Hypokotyl (Bereich zwischen Epikotyl und der Keimwurzel) streckt sich
Hypocotyl elongates

Die Samenschale zerreißt
Testa splits

Abgefallene Samenschale
Testa sheds

Samenschale beginnt zu zerfallen
Testa begins to disintegrate

Seitenwurzel
Lateral root

Wurzel
Root

Wurzel
Root

Primärwurzel
Primary root

Wurzelhaube (schützende Abdeckung der Wurzelspitze)
Root cap (protective covering for root tip)

DER HYPOKOTYLHAKEN ERSCHEINT AN DER ERDOBERFLÄCHE
HYPOCOTYL "HOOK" APPEARS ABOVE SOIL

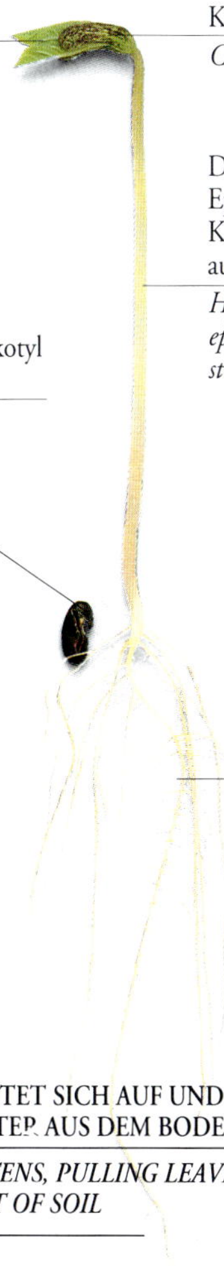

DAS HYPOKOTYL RICHTET SICH AUF UND SCHIEBT LAUB- UND KEIMBLÄTTER AUS DEM BODEN
HYPOCOTYL STRAIGHTENS, PULLING LEAVES AND COTYLEDONS OUT OF SOIL

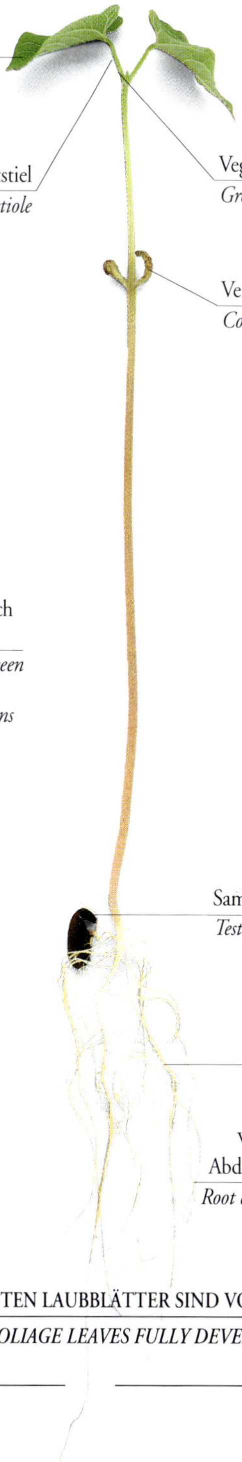

DIE ERSTEN LAUBBLÄTTER SIND VOLL ENTWICKELT
FIRST FOLIAGE LEAVES FULLY DEVELOP

VEGETATIVE FORTPFLANZUNG / *VEGETATIVE REPRODUCTION*

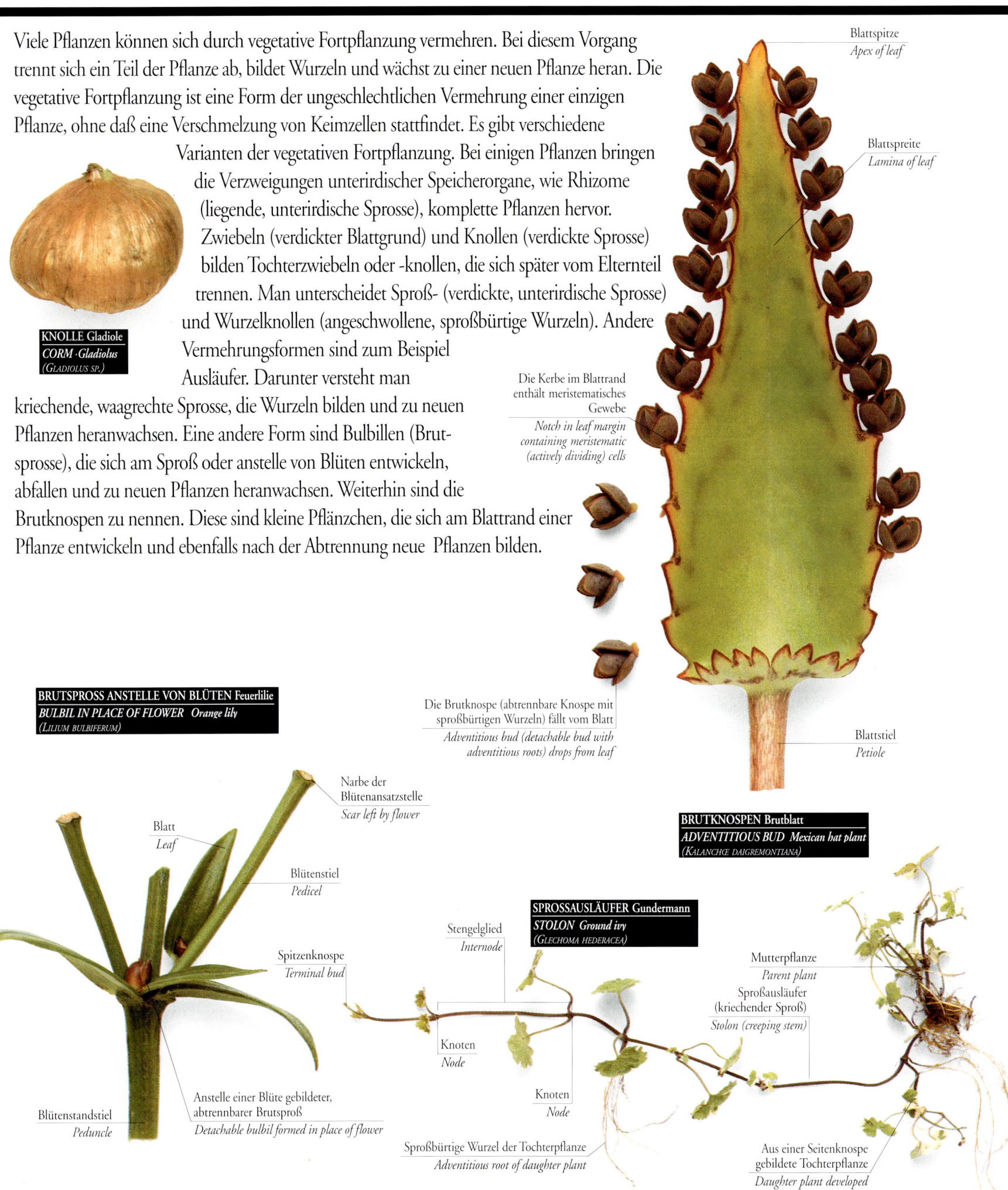

Viele Pflanzen können sich durch vegetative Fortpflanzung vermehren. Bei diesem Vorgang trennt sich ein Teil der Pflanze ab, bildet Wurzeln und wächst zu einer neuen Pflanze heran. Die vegetative Fortpflanzung ist eine Form der ungeschlechtlichen Vermehrung einer einzigen Pflanze, ohne daß eine Verschmelzung von Keimzellen stattfindet. Es gibt verschiedene Varianten der vegetativen Fortpflanzung. Bei einigen Pflanzen bringen die Verzweigungen unterirdischer Speicherorgane, wie Rhizome (liegende, unterirdische Sprosse), komplette Pflanzen hervor. Zwiebeln (verdickter Blattgrund) und Knollen (verdickte Sprosse) bilden Tochterzwiebeln oder -knollen, die sich später vom Elternteil trennen. Man unterscheidet Sproß- (verdickte, unterirdische Sprosse) und Wurzelknollen (angeschwollene, sproßbürtige Wurzeln). Andere Vermehrungsformen sind zum Beispiel Ausläufer. Darunter versteht man kriechende, waagrechte Sprosse, die Wurzeln bilden und zu neuen Pflanzen heranwachsen. Eine andere Form sind Bulbillen (Brutsprosse), die sich am Sproß oder anstelle von Blüten entwickeln, abfallen und zu neuen Pflanzen heranwachsen. Weiterhin sind die Brutknospen zu nennen. Diese sind kleine Pflänzchen, die sich am Blattrand einer Pflanze entwickeln und ebenfalls nach der Abtrennung neue Pflanzen bilden.

KNOLLE Gladiole
CORM · Gladiolus
(GLADIOLUS SP.)

Blattspitze
Apex of leaf

Blattspreite
Lamina of leaf

Die Kerbe im Blattrand enthält meristematisches Gewebe
Notch in leaf margin containing meristematic (actively dividing) cells

Die Brutknospe (abtrennbare Knospe mit sproßbürtigen Wurzeln) fällt vom Blatt
Adventitious bud (detachable bud with adventitious roots) drops from leaf

Blattstiel
Petiole

BRUTSPROSS ANSTELLE VON BLÜTEN Feuerlilie
BULBIL IN PLACE OF FLOWER Orange lily
(LILIUM BULBIFERUM)

BRUTKNOSPEN Brutblatt
ADVENTITIOUS BUD Mexican hat plant
(KALANCHŒ DAIGREMONTIANA)

Narbe der Blütenansatzstelle
Scar left by flower

Blatt
Leaf

Blütenstiel
Pedicel

Spitzenknospe
Terminal bud

Blütenstandstiel
Peduncle

Anstelle einer Blüte gebildeter, abtrennbarer Brutsproß
Detachable bulbil formed in place of flower

SPROSSAUSLÄUFER Gundermann
STOLON Ground ivy
(GLECHOMA HEDERACEA)

Stengelglied
Internode

Knoten
Node

Knoten
Node

Sproßbürtige Wurzel der Tochterpflanze
Adventitious root of daughter plant

Mutterpflanze
Parent plant

Sproßausläufer (kriechender Sproß)
Stolon (creeping stem)

Aus einer Seitenknospe gebildete Tochterpflanze
Daughter plant developed from lateral bud

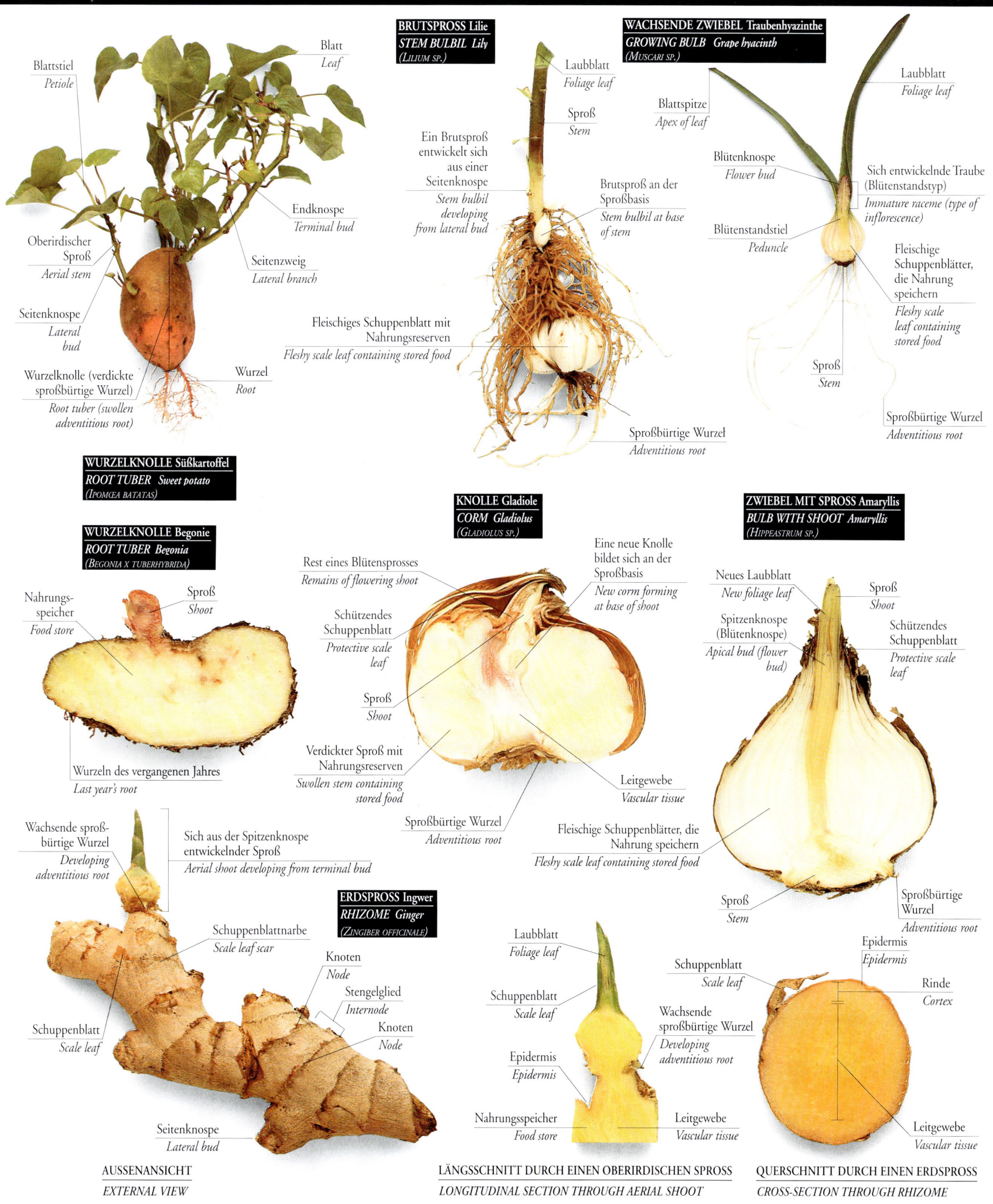

Blattstiel
Petiole

Blatt
Leaf

Endknospe
Terminal bud

Oberirdischer
Sproß
Aerial stem

Seitenzweig
Lateral branch

Seitenknospe
*Lateral
bud*

Wurzelknolle (verdickte
sproßbürtige Wurzel)
*Root tuber (swollen
adventitious root)*

Wurzel
Root

BRUTSPROSS Lilie
STEM BULBIL Lily
(LILIUM SP.)

Laubblatt
Foliage leaf

Sproß
Stem

Ein Brutsproß
entwickelt sich
aus einer
Seitenknospe
*Stem bulbil
developing
from lateral bud*

Brutsproß an der
Sproßbasis
*Stem bulbil at base
of stem*

Fleischiges Schuppenblatt mit
Nahrungsreserven
Fleshy scale leaf containing stored food

Sproßbürtige Wurzel
Adventitious root

WACHSENDE ZWIEBEL Traubenhyazinthe
GROWING BULB Grape hyacinth
(MUSCARI SP.)

Laubblatt
Foliage leaf

Blattspitze
Apex of leaf

Blütenknospe
Flower bud

Blütenstandstiel
Peduncle

Sich entwickelnde Traube
(Blütenstandstyp)
*Immature raceme (type of
inflorescence)*

Fleischige
Schuppenblätter,
die Nahrung
speichern
*Fleshy scale
leaf containing
stored food*

Sproß
Stem

Sproßbürtige Wurzel
Adventitious root

WURZELKNOLLE Süßkartoffel
ROOT TUBER Sweet potato
(IPOMŒA BATATAS)

WURZELKNOLLE Begonie
ROOT TUBER Begonia
(BEGONIA X TUBERHYBRIDA)

Nahrungs-
speicher
Food store

Sproß
Shoot

Wurzeln des vergangenen Jahres
Last year's root

Wachsende sproß-
bürtige Wurzel
*Developing
adventitious root*

Sich aus der Spitzenknospe
entwickelnder Sproß
Aerial shoot developing from terminal bud

KNOLLE Gladiole
CORM Gladiolus
(GLADIOLUS SP.)

Rest eines Blütensprosses
Remains of flowering shoot

Schützendes
Schuppenblatt
*Protective scale
leaf*

Sproß
Shoot

Verdickter Sproß mit
Nahrungsreserven
*Swollen stem containing
stored food*

Eine neue Knolle
bildet sich an der
Sproßbasis
*New corm forming
at base of shoot*

Leitgewebe
Vascular tissue

Sproßbürtige Wurzel
Adventitious root

ZWIEBEL MIT SPROSS Amaryllis
BULB WITH SHOOT Amaryllis
(HIPPEASTRUM SP.)

Neues Laubblatt
New foliage leaf

Sproß
Shoot

Spitzenknospe
(Blütenknospe)
*Apical bud (flower
bud)*

Schützendes
Schuppenblatt
*Protective scale
leaf*

Fleischige Schuppenblätter, die
Nahrung speichern
Fleshy scale leaf containing stored food

Sproß
Stem

Sproßbürtige
Wurzel
Adventitious root

ERDSPROSS Ingwer
RHIZOME Ginger
(ZINGIBER OFFICINALE)

Schuppenblattnarbe
Scale leaf scar

Knoten
Node

Stengelglied
Internode

Knoten
Node

Schuppenblatt
Scale leaf

Seitenknospe
Lateral bud

Laubblatt
Foliage leaf

Schuppenblatt
Scale leaf

Epidermis
Epidermis

Nahrungsspeicher
Food store

Schuppenblatt
Scale leaf

Wachsende
sproßbürtige Wurzel
*Developing
adventitious root*

Leitgewebe
Vascular tissue

Epidermis
Epidermis

Rinde
Cortex

Leitgewebe
Vascular tissue

AUSSENANSICHT
EXTERNAL VIEW

LÄNGSSCHNITT DURCH EINEN OBERIRDISCHEN SPROSS
LONGITUDINAL SECTION THROUGH AERIAL SHOOT

QUERSCHNITT DURCH EINEN ERDSPROSS
CROSS-SECTION THROUGH RHIZOME

TROCKENPFLANZEN / *DRYLAND PLANTS*

Trockenpflanzen (Xerophyten) sind in der Lage, auch in ansonsten lebensfeind-
lichen Gebieten zu überleben. Man findet sie an Standorten mit
geringer Wasserversorgung. Auch bei hohen Temperaturen, die starke
Wasserverluste durch Verdunsten zur Folge haben, sind solche
Pflanzen lebensfähig. Ihre Anpassungen an die trockenen
Bedingungen sind: eine verkleinerte Blattfläche, eingerollte
Blätter, versenkte Spaltöffnungen, Haare und
Stacheln sowie dicke Kutikulen. Ein Teil der
Sukkulenten speichert Wasser in vergrößerten,
schwammigen Geweben, die sich in Blättern,
Sprossen oder Wurzeln befinden können. Die Blattsukku-
lenten besitzen vergrößerte, fleischige, wasserspeichernde
Blätter. Wurzelsukkulenten haben ein großes, unter-
irdisches, wasserspeicherndes Organ mit kurzlebigen
oberirdischen Sprossen und Blättern. Die Sproßsukkulenten
werden durch die Kakteen (Cactaceae) repräsentiert. Die
Kakteensprosse sind fleischig, grün und photosynthetisch
aktiv. Sie sind entweder gerippt oder mit in Reihen stehenden
Warzen bedeckt. Ihre Blätter sind zu Dornen
reduziert oder fehlen gänzlich.

BLATTSUKKULENT
LEAF SUCCULENT
(LITHOPS SP.)

STAMMSUKKULENT Goldkugelkaktus
STEM SUCCULENT Golden barrel cactus
(ECHINOCACTUS GRUSONII)

Areole (umgewandelter
Seitensproß)
*Areole (modified lateral
shoot)*

Trichome (Haar)
Trichome (hair)

Dorn
(umgewandeltes
Blatt)
*Spine (modified
leaf)*

Wachsige Haut
(Verdunstungs-
schutzabdeckung)
Waxy cuticle

Wasserspeicherndes
Parenchym (Füllgewebe)
Water-storing parenchyma

Warze (Bildung
der Sproß-
oberfläche)
Tubercle

Leitgewebezylinder
Vascular cylinder

Dorn (umgewandeltes Blatt)
Spine (modified leaf)

Warze
(Bildung der
Sproßoberfläche)
*Tubercle (projection
from stem surface)*

Wurzel
Root

Wellige
Zellwand
Sinuous cell wall

Die Spaltöffnung
steuert den
Gasaustausch
*Stoma controlling
exchange of gases*

Wurzel
Root

AUSSENANSICHT
EXTERNAL VIEW

MIKROSKOPISCHE AUFNAHME DER SPROSSOBERFLÄCHE
MICROGRAPH OF STEM SURFACE

Dorn (umgewandeltes Blatt)
Spine (modified leaf)

Areole (umgewandelter
Seitensproß)
*Areole (modified
lateral shoot)*

Warze (Bildung der
Sproßoberfläche)
*Tubercle (projection
from stem surface)*

Wachsige Haut
(Verdunstungs-
schutzabdeckung)
*Waxy cuticle
(waterproof covering)*

AUSSCHNITT DER SPROSSOBERFLÄCHE
DETAIL OF STEM SURFACE

LÄNGSSCHNITT DURCH DEN SPROSS
LONGITUDINAL SECTION THROUGH STEM

Durch ein lichtdurchlässiges Fenster wird der Lichteinfall bis zum Blattgrund ermöglicht
Translucent window allows light to reach base of leaf

Wurzelknolle
Root tuber

Wurzel
Root

Durch ein lichtdurchlässiges Fenster wird der Lichteinfall bis zum Blattgrund ermöglicht
Translucent window

Verdicktes Blatt
Succulent leaf

Wachsige Haut (Verdunstungsschutzabdeckung)
Waxy cuticle

Wasserspeicherndes Parenchym (Füllgewebe)
Water-storing parenchyma

Durch ein lichtdurchlässiges Fenster wird der Lichteinfall bis zum Blattgrund ermöglicht
Translucent window allows light to reach centre of leaf

Wachsige Haut (Verdunstungsschutzabdeckung)
Waxy cuticle (waterproof covering)

Photosynthetisierender Bereich
Photosynthetic region

LÄNGSSCHNITT DURCH EIN BLATT
LONGITUDINAL SECTION THROUGH LEAF

Erhabene Zelloberfläche
Raised cell surface

Spaltöffnung
Stoma

Becher, der die versenkte Spaltöffnung umgibt
Cup surrounding sunken stoma (pore)

MIKROSKOPISCHE AUFNAHME DER BLATTOBERFLÄCHE
MICROGRAPH OF LEAF SURFACE

Blatt
Leaf

Blattspalte
Fissure

Gesprenkelte Blattoberfläche
Mottled surface of leaf

Abgestorbene Blüte in der alten Blattspalte
Dead flower in old fissure

Totes, verwelktes Blatt
Dead, withered leaf

Vereintes Blattpaar
Unified leaf pair

Wasserspeicherndes Parenchym (Füllgewebe)
Water-storing parenchyma

Blattspalte
Fissure

Photosynthetisierender Bereich
Photosynthetic region

LÄNGSSCHNITT DURCH EIN BLATTPAAR
LONGITUDINAL SECTION THROUGH LEAF PAIR

BLATTSUKKULENT
LEAF SUCCULENT
(LITHOPS BROMFIELDII)

BLATTSUKKULENT
LEAF SUCCULENT
(HAWORTHIA TRUNCATA)

SPROSS- UND WURZELSUKKULENT Leuchterblume
STEM AND ROOT SUCCULENT String of hearts
(CEROPEGIA WOODII)

Sproß
Stem

Wurzelknolle
Root tuber

Wurzel
Root

AUSSENANSICHT
EXTERNAL VIEW

Blattstiel
Petiole

Blütenknospe
Flower bud

Blütenstiel
Pedicel

Dreizähliges Blatt
Trifoliate leaf

Sproß
Stem

Wurzelknolle
Root tuber

Wurzel
Root

WURZELSUKKULENT
ROOT SUCCULENT
(OXALIS SP.)

Blattstiel
Petiole

Fleischiges Blatt
Succulent leaf

Sukkulenter, kriechender Sproß
Succulent trailing stem

Wurzelknolle
Root tuber

Wasserspeicherndes Parenchym
Water-storing parenchyma

Wurzel
Root

LÄNGSSCHNITT DURCH EINE WURZELKNOLLE
LONGITUDINAL SECTION THROUGH ROOT TUBER

WASSERPFLANZEN / *WETLAND PLANTS*

Die Wasserpflanzen wachsen entweder teilweise, wie Wasserhyazinthen, oder ganz unter Wasser, wie die Wasserpest. Sie zeigen die verschiedensten Anpassungen an diesen Lebensraum. Typisch sind zahlreiche Lufträume in Sprossen, Blättern und Wurzeln, die dem Gasaustausch und dem Auftrieb dienen. Unterwasserpflanzen besitzen gewöhnlich keine Kutikula. Dadurch ist den Pflanzen eine direkte Mineralstoff- und Gasaufnahme im Wasser möglich. Wegen des Auftriebs im Wasser benötigen die Pflanzen nur wenig Festigungsgewebe. Die Wasserpflanzen, deren Blätter sich unterhalb der Wasseroberfläche befinden, besitzen keine Spaltöffnungen. Die Wasserpflanzen, deren Blätter auf der Wasseroberfläche schwimmen, z. B. Seerosen, haben auf der Blattoberseite Spaltöffnungen. Um zu verhindern, daß die Spaltöffnungen unter Wasser geraten, ist das Blatt mit einer wasserabstoßenden Wachsschicht überzogen.

ALGENFARN
WATER FERN
(*AZOLLA SP.*)

Oberer Blattlappen
Dorsal lobe of leaf

Sproß
Stem

Blatt mit winzigen Haaren, um eine Benetzung mit Wasser zu verhindern
Leaf with tiny hairs to prevent waterlogging

Sproßbürtige Wurzeln
Adventitious root

Unterseite der Blattspreite
Abaxial (lower) surface of lamina

Oberseite der Blattspreite
Adaxial (upper) surface of lamina

Der aufgeblasene Blattstiel gewährleistet die Schwimmfähigkeit
Inflated petiole provides buoyancy

Brücke (enger verbindender Bereich)
Isthmus

Kreisförmige Blattspreite
Orbicular lamina

Blatt
Leaf

WASSERHYAZINTHE
WATER HYACINTH
(*EICHHORNIA CRASSIPES*)

Speichersproß
Rhizome

Dichter Wurzelfilz
Dense, fibrous root system

Sproßbürtige Wurzel
Adventitious root

Seitenzweig einer sproßbürtigen Wurzel
Lateral branch of adventitious root

Nerv
Vein

Brücke (enger verbindender Bereich)
Isthmus (narrow connecting region)

Epidermis (Abschluß- gewebe)
Epidermis

Luftraum
Lacuna (air space)

Blattgrund
Leaf base

Kochlöffelartige Blattspreite
Orbicular lamina

Endodermis (innere Schicht der Rinde)
Endodermis

Luftraum
Lacuna

Aufgeblasener Blattstiel
Inflated petiole

Epidermis (Abschlußgewebe)
Epidermis

Siebteil
Phloem

Holzteil
Xylem

Rinde (Schicht zwischen Epidermis und Leitgewebe)
Cortex (layer between epidermis and vascular tissue)

Leitgewebe
Vascular tissue

WASSERPEST
CANADIAN POND WEED
(*ELODEA CANADENSIS*)

Stengelglied
Internode

Knoten
Node

Knoten
Node

Sproß
Stem

Sproßbürtige Wurzel
Adventitious root

BLATTSPREITE UND SCHNITT DURCH DEN AUFGEBLASENEN BLATTSTIEL DER WASSERHYAZINTHE
LAMINA AND SECTION THROUGH INFLATED PETIOLE OF WATER HYACINTH

MIKROSKOPISCHE AUFNAHME EINES QUERSCHNITTS DURCH DIE WURZEL EINER WASSERHYAZINTHE
MICROGRAPH OF CROSS-SECTION THROUGH ROOT OF WATER HYACINTH

SEEROSE
WATER LILY
(NYMPHÆA SP.)

Sternförmige Sklereide (kurze Festigungszelle)
Star-shaped sclereid (short strengthening cell)

Oberseitige Epidermis (Abschlußgewebe)
Upper epidermis

Nerv
Vein

Palisadenparenchym (dichtgepacktes photosynthetisierendes Gewebe)
Palisade parenchyma (tightly packed photosynthetic tissue)

Luftraum
Lacuna

MIKROSKOPISCHE AUFNAHME EINES QUERSCHNITTS DURCH DAS BLATT EINER SEEROSE
MICROGRAPH OF CROSS-SECTION THROUGH LEAF OF WATER LILY

Untere Epidermis
Lower epidermis

Parenchym (Füllgewebe)
Parenchyma

Siebteil
Phloem

Holzteil
Xylem

Leitgewebe
Vascular tissue

Mittelrippe
Midrib

Blüte
Flower

Kronblatt
Petal

Seitennerv
Lateral vein

Mittelrippe
Midrib

Wachsige, wasserabweisende Blattspreite
Waxy, water-repellent lamina

Unterseite der Blattspreite
Abaxial (lower) surface of lamina

Oberseite der Blattspreite
Adaxial (upper) surface of lamina

Blattrand
Margin of lamina

Blütenstiel
Pedicel

Blattstiel
Petiole

Wachsendes Blatt
Developing leaf

Rinde (Schicht zwischen Epidermis und Leitgewebe)
Cortex

Leitbündel
Vascular bundle

Epidermis (Abschlußgewebe)
Epidermis

Luftraum
Lacuna

Endodermis (innere Schicht der Rinde)
Endodermis

Sternförmige Sklereide (kurze Festigungszelle)
Star-shaped sclereid (short strengthening cell)

Rinde (Schicht zwischen Epidermis und Leitgewebe)
Cortex (layer between epidermis and vascular tissue)

Epidermis (Abschlußgewebe)
Epidermis

Luftraum
Lacuna

Leitbündel
Vascular bundle

MIKROSKOPISCHE AUFNAHME EINES SPROSSQUERSCHNITTS DER WASSERPEST
MICROGRAPH OF CROSS-SECTION THROUGH STEM OF ELODEA SP.

Völlig untergetaucht lebende Pflanze
Plant fully submerged

Blatt
Leaf

Blütenknospe
Flower bud

Blütenstiel
Pedicel

MIKROSKOPISCHE AUFNAHME EINES QUERSCHNITTS DURCH DEN BLATTSTIEL EINER SEEROSE
MICROGRAPH OF CROSS-SECTION THROUGH PETIOLE OF WATER LILY

Speichersproß
Rhizome

Sproßbürtige Wurzel
Adventitious root

FLEISCHFRESSENDE PFLANZEN / *CARNIVOUROUS PLANTS*

Die fleischfressenden (insektivoren) Pflanzen ernähren sich von Insekten und anderen kleinen Tieren, die Zusatznahrung zu den durch Photosynthese gewonnenen Nährstoffen sind. Die Nährstoffe, insbesondere Stickstoffverbindungen, welche aus den gefangenen Tieren aufgenommen werden, ermöglichen den fleischfressenden Pflanzen ein Leben in sauren, sumpfigen Böden, denen es an lebenswichtigen Mineralstoffen fehlt, vor allem aber an Nitrat, ohne das Pflanzen nicht überleben können. Die fleischfressenden Pflanzen besitzen zu Fallen umgewandelte Blätter. Sie sind oft leuchtend gefärbt und geben Nektar ab, um ihre Opfer anzulocken. Mit Hilfe von Enzymen verdauen viele der Pflanzen ihre Opfer. Man unterscheidet drei Typen von Fallen. Eine Gruppe, z.B. Kannenstrauch und Kobrapflanze, besitzt krugförmige Fallgrubenfallen, die zur Hälfte mit Wasser gefüllt sind. Die Insekten werden dabei durch eine Öffnung in die Falle gelockt, rutschen über die Fallenoberfläche, fallen in die Flüssigkeit und werden dort verdaut. Die Venusfliegenfalle besitzt einen Klappfallenmechanismus. Berührt ein Insekt die Borsten an den Innenseiten der Blätter, so klappen die beiden Blatthälften zusammen. Fettkraut und Sonnentau fangen ihre Opfer mit Hilfe klebriger Tröpfchen auf der Blattoberfläche. Sobald ein Insekt dort landet, wird es durch das Einrollen des Blattes gefangen und verdaut.

Areole („Fenster" aus durchscheinendem Gewebe)
Areola (window of transparent tissue)

Zunge mit Nektardrüsen
« Fishtail » nectary

Flügelleiste
Wing

Helm
Hood

Fallgrube
Pitcher

Schlauchförmiger Blattstiel
Tubular petiole

FALLGRUBENPFLANZE Kobrapflanze
PITCHER PLANT Cobra lily
(DARLINGTONIA CALIFORNICA)

Sich entwickelnder Helm
Dome-shaped hood develops

Zunge mit Nektardrüsen erscheint
« Fishtail » nectary appears

Junge Fallgrube
Immature pitcher

Nektarwulst
Nectar roll

Mundöffnung
Mouth

Glatte Oberfläche
Smooth surface

Flügelleiste
Wing

Abwärts gerichtete Haare
Downward pointing hair

ENTWICKLUNG EINES ABGEWANDELTEN BLATTES DER KOBRAPFLANZE
DEVELOPMENT OF MODIFIED LEAF

Junge Falle
Immature trap

Ineinander verzahnte Zähne
Interlocked teeth

Geschlossene Falle
Closed trap

Die rote Farbe der Falle lockt die Insekten an
Red colour of trap attracts insects

VENUSFLIEGENFALLE
VENUS FLY TRAP
(DIONÆA MUSCIPULA)

Abgeflachter Blattstiel
Phyllode (flattened petiole)

Sommerblattstiel
Summer petiole

Bereich mit Nektardrüsen
Nectary zone (glands secrete nectar)

Verdauungszone (Drüsen geben Verdauungsenzyme ab)
Digestive zone (glands secrete digestive enzymes)

Zahn
Tooth

Klappe der Falle
Lobe of trap

Mittelrippe (Gelenk der Falle)
Midrib (hinge of trap)

Fühlborste
Trigger hair

Frühjahrsblattstiel
Spring petiole

Falle (zweilappige Blattspreite)
Trap (twin-lobed leaf blade)

Sinnesgelenk
Sensory hinge

Fühlborste
Trigger hair

Innere Oberfläche der Falle
Inner surface of trap

Verdauungsdrüse
Digestive gland

MIKROSKOPISCHE AUFNAHME EINER BLATTHÄLFTE DER VENUSFLIEGENFALLE
MICROGRAPH OF LOBE

Blattgrund
Flattened leaf base

FALLGRUBENPFLANZE Kannenstrauch
PITCHER PLANT Monkey cup
(NEPENTHES MIRABALIS)

Innere Oberfläche der Fallgrube
Inner surface of pitcher

Verdauungsdrüse
Digestive gland

Äußere Oberfläche der Fallgrube
Outer surface of pitcher

Ranke
Tendril

Junge Fallgrube
Immature pitcher

**MIKROSKOPISCHE AUFNAHME DER WAND
EINER FALLGRUBE**
MICROGRAPH OF WALL

Blattgrund
Flattened leaf base

Nektardrüse
Nectar-secreting gland

Mittelrippe
Midrib

Deckel
Lid

Kannenrand
Rim of pitcher

Kannenöffnung
Mouth of pitcher

Deckel (lockt Insekten an und
verhindert das Eindringen von zuviel
Wasser in die Kanne)
*Lid (attracts insects and stops rainwater
flooding pitcher)*

Sporn
Spur

Der Deckel
öffnet sich
Lid opens

Rand der Kanne mit
Nektardrüse
*Rim of pitcher (containing
nectar glands)*

Ranke
Tendril

Kanne
Pitcher

Wachsige Gleitzone
(bietet keinen Halt
für Insektenfüße)
*Waxy zone
(no foothold
for insects)*

Verdauungszone
(enthält
normalerweise die
Verdauungsflüssigkeit)
*Digestive zone
(normally containing
digestive fluid)*

Der Deckel bleibt fest verschlossen,
solange die Kanne wächst
Lid remains firmly closed as pitcher develops

Kannen-
öffnung
*Mouth of
pitcher*

Die Ranke
streckt sich
*Tendril
elongates*

Neu entstandener
Blattgrund
Recently formed leaf base

Vordere Rippe
Frontal rib

Teilweise verdaute
Insekten
*Partly digested
insects*

Ranke an der Spitze des kürzlich
gebildeten Blattgrundes
*Tendril at tip of
recently formed leaf base*

An der Spitze der Ranke
bilden sich Verdickungen
Swelling forms at tip of tendril

Junge Kanne, die noch mit
Luft gefüllt ist
Immature pitcher fills with air

Ausgewachsene Kanne
Mature pitcher

Verdauungsdrüse
Digestive gland

SCHNITT DURCH DIE KANNE
SECTION THROUGH PITCHER

**ENTWICKLUNG EINES ABGEWANDELTEN BLATTES
DER FALLGRUBENPFLANZE**
DEVELOPMENT OF MODIFIED LEAF

FETTKRAUT
BUTTERWORT
(PINGUICULA CAUDATA)

Gefangenes
Insekt auf der
klebrigen
Oberseite der
Blattspreite
*Insect trapped
on sticky surface
of lamina*

Verdauungsdrüse
(produziert Enzyme)
*Digestive gland (produces
enzymes)*

Gestielte Fangdrüsen (produzieren
eine klebrige schleimartige Substanz)
*Stalked secretory gland (produces
sticky, mucus-like substance)*

Ausgebreitete Blattspreite
Flattened lamina

Oberseitige
Blattoberfläche
*Adaxial (upper)
surface of leaf*

Untere
Blattoberfläche
*Abaxial (lower)
surface of leaf*

Eingerollter Blattrand
*Margin of lamina
rolled inwards*

**MIKROSKOPISCHE AUFNAHME
EINES FETTKRAUTBLATTES**
MICROGRAPH OF LEAF

Junges Blatt
Immature leaf

Wie der Name bereits sagt, wachsen die Aufsitzer- und Schmarotzerpflanzen auf anderen lebenden Pflanzen. Die Aufsitzerpflanzen (Epiphyten) sind nicht im Boden verwurzelt und leben auf und von Ästen und Zweigen anderer Pflanzen. Die Aufsitzerpflanzen nutzen das Wasser aus Niederschlägen und der Luftfeuchtigkeit. Auch die Epiphyten gehören zu den Photosynthese betreibenden Pflanzen. Mineralstoffe, die andere Pflanzen aus dem Boden beziehen, finden sie in organischen Materialien, die sich auf der Oberfläche von Wirtspflanzen angesammelt haben. Zu den Epiphyten gehören tropische Orchideen, Bromeliaceen und einige Moose, die in den gemäßigten Zonen vorkommen.

Die Schmarotzerpflanzen (Parasiten) erhalten von der Wirtspflanze, auf der sie wachsen, alle lebensnotwendigen Stoffe. Über Saugwurzeln zapfen sie das Leitgewebe von Sproß oder Wurzel des Wirts an. So erhält der Parasit Wasser, Mineral- und Nährstoffe. Da für den Parasiten keine Notwendigkeit für die Nährstoffproduktion besteht, fehlen ihm Chlorophyll und Laubblätter. Halbparasiten (z. B. Mistel) entziehen der Wirtspflanze Wasser und Mineralstoffe. Sie besitzen jedoch grüne Sprosse und Blätter. Dadurch sind sie in der Lage, unabhängig von ihrem Wirt zusätzlich eigene Nährstoffe durch Photosynthese aufzubauen.

AUFSITZENDE BROMELIE
EPIPHYTIC BROMELIAD
(ÆCHMEA MINIATA)

Blütenstand (Ähre)
Inflorescence (spike)

Blütenstandstiel
Peduncle

Blütenknospe
Flower bud

Gewölbtes, bandförmiges Blatt (Teil der Blattrosette)
Strap-shaped arching leaf (part of rosette of leaves)

Dorniger Blattrand
Leaf margin with spines

Dicht aneinanderschließende Blattbasen, in denen sich Regenwasser sammelt
Overlapping leaf bases in which rainwater is trapped

Bündel sproßbürtiger Wurzeln
Mass of adventitious roots

Sproß
Stem

Baumborke, auf welcher der Aufsitzer lebt
Bark of tree to which epiphyte is attached

EPIPHYTISCHE ORCHIDEE
EPIPHYTIC ORCHID
(BRASSAVOLA NODOSA)

Blütenstandstiel
Peduncle

Blütenstiel
Pedicel

Blüte
Flower

Schuppen-blatt
Scale leaf

Blatt
Leaf

Luftwurzel
Aerial root

Knoten
Node

Sproß
Stem

Baumborke, auf welcher der Aufsitzer lebt
Bark of tree to which epiphyte is attached

Vielschichtige Epidermis, die in der Lage ist, Regenwasser oder Tau aufzunehmen
Velamen (multi-layered epidermis capable of absorbing water from rain or condensation)

Rinde (Schicht zwischen Epidermis und Leitgewebe)
Cortex (layer between epidermis and vascular tissue)

Rindenzelle mit Chloroplasten
Cortex cell containing chloroplasts

Leitgewebe
Vascular tissue

Holzteil
Xylem

Siebteil
Phloem

Exodermis (äußere Schicht der Rinde)
Exodermis (outer layer of cortex)

Mark
Pith

Endodermis (innere Schicht der Rinde)
Endodermis (inner layer of cortex)

MIKROSKOPISCHE AUFNAHME EINES QUERSCHNITTS DURCH DIE LUFTWURZEL EINER EPIPHYTISCHEN ORCHIDEE
MICROGRAPH OF CROSS-SECTION THROUGH AERIAL ROOT OF EPIPHYTIC ORCHID

PLANTS

Junge Hochblätter
Immature bracts

Hochblatt
(laubblattartige
Form)
*Bract (leaf-like
structure)*

Blatt (Teil der Rosette)
Leaf (part of rosette of leaves)

Junge Blüten
Immature flower

Dicht aneinanderschließende
Blattbasen, in denen sich
Regenwasser sammelt
*Overlapping leaf bases in which
rainwater is trapped*

Sproß
Stem

**LÄNGSSCHNITT DURCH EINE
AUFSITZENDE BROMELIE Gutsmanie
EPIPHYTIC BROMELIAD Scarlet star
(GUZMANIA LINGULATA)**

Verdickte Sproßbasis
Swollen stem base

**WURZELSCHMAROTZER Sommerwurz
ROOT PARASITE Broomrape
(OROBANCHE SP.)**

Sproß der
Wirtspflanze
*Stem of
host plant*

Blütenknospen
der Sommerwurz
*Flower bud
of broomrape*

Blüte der Sommerwurz
Flower of broomrape

Stengel der Sommerwurz
Stem of broomrape

Knolle der Sommerwurz, welche
durch Haustorien (Organe, die
Nährstoffe aus dem
Leitgewebesystem der
Wirtspflanze aufnehmen) mit der
Wirtspflanze verbunden ist
*Tuber of broomrape attached to
host plant's roots through haustoria,
penetrating organs that absorb
nutrients from host's vascular tissue*

Blatt der
Wirtspflanze
Leaf of host plant

Sproß der
Sommerwurz
Shoot of broomrape

Hauptwurzel der
Wirtspflanze
Main root of host plant

Seitenwurzel der
Wirtspflanze
Lateral root of host plant

Spitze des Seidenstengels,
die sich um die
Wirtspflanze windet
*Tip of dodder stem showing
circular movement around
host plant*

**SPROSSCHMAROTZER Europäische Seide
STEM PARASITE Dodder
(CUSCUTA EUROPCEA)**

Blütenstand (Ähre) der Seide
*Inflorescence (spike) of dodder
flowers*

Verbindungsstelle zwischen
Seide und Wirtssproß
*Point of attachment of dodder
stem to host stem*

Blatt der Wirtspflanze
Leaf of host plant

Um den Sproß der
Wirtspflanze gewundener
garnähnlicher Sproß der Seide
*Thread-like stem of dodder
twined around stem
of host plant*

Stengel der Wirtspflanze
Stem of host plant

Haustorien (Organe, die Nährstoffe aus dem
Leitgewebesystem der Wirtspflanze aufnehmen)
*Haustorium (penetrating organ that absorbs
nutrients from host's vascular tissue)*

Leitgewebe
von Seide
*Vascular tissue
of dodder*

Verbindung zwischen dem Leitgewebe
von Wirtspflanze und Seide
Union of host and dodder vascular systems

Stengel der
Seide
Stem of dodder

Leitgewebe der
Wirtspflanze
*Vascular tissue
of host plant*

Siebteil
Phloem

Holzteil
Xylem

Stengel der Wirtspflanze
Stem of host plant

AUSSENANSICHT EINER VON SEIDE PARASITIERTEN PFLANZE
EXTERNAL VIEW OF PLANT PARASITIZED BY DODDER

**MIKROSKOPISCHE AUFNAHME EINES QUERSCHNITTS DURCH DEN SPROSS EINER
DURCH SEIDE PARASITIERTEN PFLANZE**
MICROGRAPH OF CROSS-SECTION THROUGH STEM OF PLANT PARASITIZED BY DODDER

PFLANZENSYSTEMATIK / *PLANT CLASSIFICATION*

Biologen verwenden ein einheitliches Nomenklatursystem der Einordnung, um die vielen Millionen bekannter Lebewesen zu klassifizieren. Alle Lebewesen werden zunächst Gruppen zugeordnet, die Reiche genannt werden. Die Reiche werden in Abhängigkeit ihrer Verwandtschaft in immer kleinere Gruppen unterteilt. Das Reich der höheren Pflanzen wird zuerst in Abteilungen, wie zum Beispiel Angiospermophyta, welche die Blütenpflanzen (z.B. Orchideen, Palmen, Kakteen, Rosen und Ahorne) umfaßt, eingeteilt. Jede Abteilung wird dann in Klassen, diese dann in Ordnungen, weiterhin in Familien und schließlich in Gattungen gegliedert. Letztendlich wird jede Gattung nochmals in Arten unterteilt. Dieses System der wiederholten Unterteilung bildet einen Stammbaum aller Pflanzen. Das Schema zeigt die Hauptgruppen der Pflanzen. Ebenfalls eingeschlossen sind „pflanzenähnliche" Organismen: unechte Pilze und die echten Pilze.

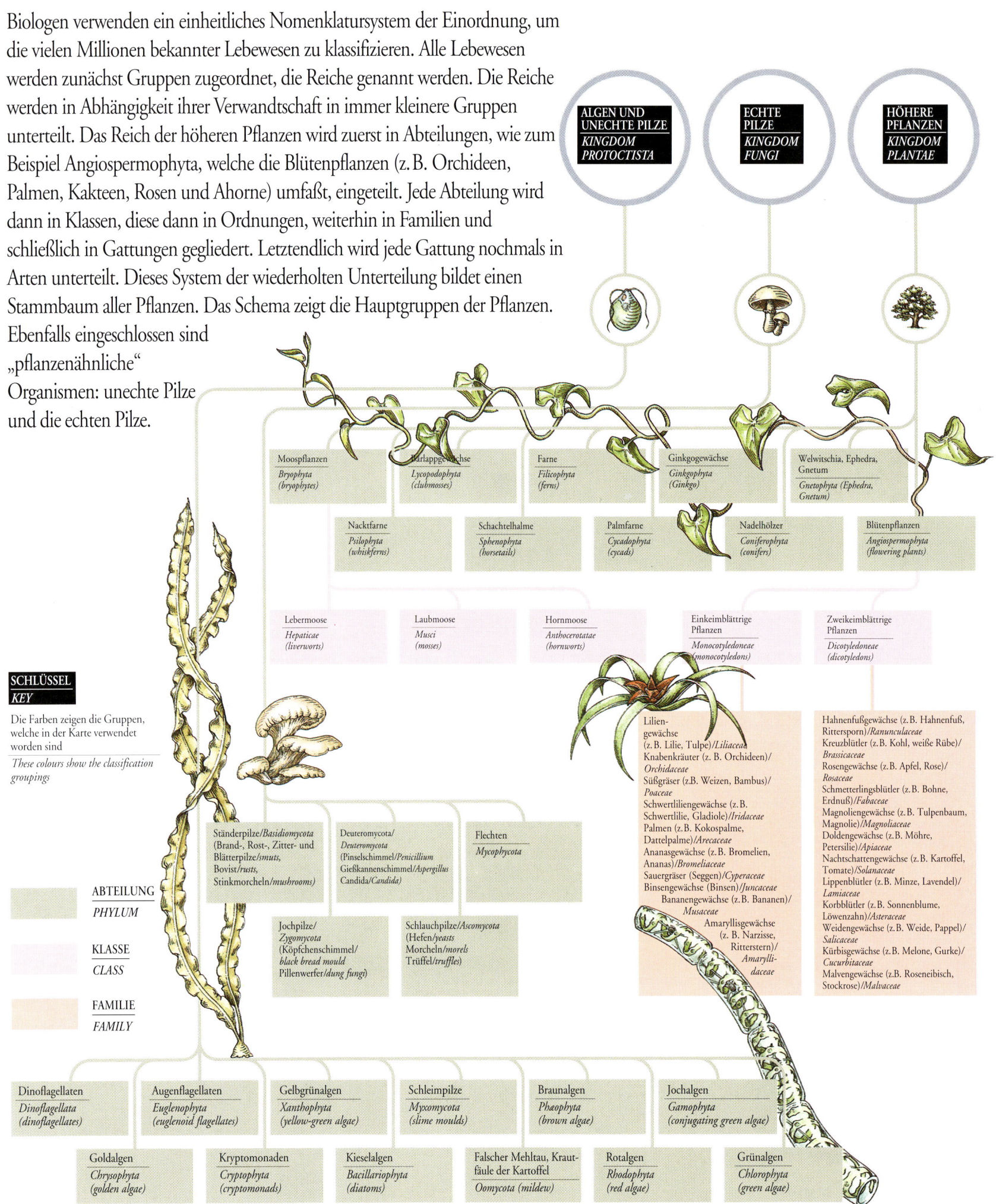

ALGEN UND UNECHTE PILZE *KINGDOM PROTOCTISTA*

ECHTE PILZE *KINGDOM FUNGI*

HÖHERE PFLANZEN *KINGDOM PLANTAE*

Moospflanzen
Bryophyta (bryophytes)

Bärlappgewächse
Lycopodophyta (clubmosses)

Farne
Filicophyta (ferns)

Ginkgogewächse
Ginkgophyta (Ginkgo)

Welwitschia, Ephedra, Gnetum
Gnetophyta (Ephedra, Gnetum)

Nacktfarne
Psilophyta (whiskferns)

Schachtelhalme
Sphenophyta (horsetails)

Palmfarne
Cycadophyta (cycads)

Nadelhölzer
Coniferophyta (conifers)

Blütenpflanzen
Angiospermophyta (flowering plants)

Lebermoose
Hepaticae (liverworts)

Laubmoose
Musci (mosses)

Hornmoose
Anthocerotatae (hornworts)

Einkeimblättrige Pflanzen
Monocotyledoneae (monocotyledons)

Zweikeimblättrige Pflanzen
Dicotyledoneae (dicotyledons)

SCHLÜSSEL / *KEY*

Die Farben zeigen die Gruppen, welche in der Karte verwendet worden sind

These colours show the classification groupings

Lilien-gewächse (z.B. Lilie, Tulpe)/*Liliaceae*
Knabenkräuter (z. B. Orchideen)/*Orchidaceae*
Süßgräser (z.B. Weizen, Bambus)/*Poaceae*
Schwertliliengewächse (z.B. Schwertlilie, Gladiole)/*Iridaceae*
Palmen (z.B. Kokospalme, Dattelpalme)/*Arecaceae*
Ananasgewächse (z.B. Bromelien, Ananas)/*Bromeliaceae*
Sauergräser (Seggen)/*Cyperaceae*
Binsengewächse (Binsen)/*Juncaceae*
Bananengewächse (z.B. Bananen)/*Musaceae*
Amaryllisgewächse (z. B. Narzisse, Ritterstern)/*Amaryllidaceae*

Hahnenfußgewächse (z.B. Hahnenfuß, Rittersporn)/*Ranunculaceae*
Kreuzblütler (z.B. Kohl, weiße Rübe)/*Brassicaceae*
Rosengewächse (z.B. Apfel, Rose)/*Rosaceae*
Schmetterlingsblütler (z.B. Bohne, Erdnuß)/*Fabaceae*
Magnoliengewächse (z.B. Tulpenbaum, Magnolie)/*Magnoliaceae*
Doldengewächse (z.B. Möhre, Petersilie)/*Apiaceae*
Nachtschattengewächse (z.B. Kartoffel, Tomate)/*Solanaceae*
Lippenblütler (z.B. Minze, Lavendel)/*Lamiaceae*
Korbblütler (z.B. Sonnenblume, Löwenzahn)/*Asteraceae*
Weidengewächse (z.B. Weide, Pappel)/*Salicaceae*
Kürbisgewächse (z.B. Melone, Gurke)/*Cucurbitaceae*
Malvengewächse (z.B. Roseneibisch, Stockrose)/*Malvaceae*

Ständerpilze/*Basidiomycota* (Brand-, Rost-, Zitter- und Blätterpilze/*smuts, Bovist/rusts, Stinkmorchel/mushrooms*)

Deuteromycota/*Deuteromycota* (Pinselschimmel/*Penicillium* Gießkannenschimmel/*Aspergillus* Candida/*Candida*)

Flechten
Mycophycota

Jochpilze/*Zygomycota* (Köpfchenschimmel/*black bread mould* Pillenwerfer/dung fungi)

Schlauchpilze/*Ascomycota* (Hefen/*yeasts* Morcheln/*morels* Trüffel/*truffles*)

ABTEILUNG *PHYLUM*

KLASSE *CLASS*

FAMILIE *FAMILY*

Dinoflagellaten
Dinoflagellata (dinoflagellates)

Augenflagellaten
Euglenophyta (euglenoid flagellates)

Gelbgrünalgen
Xanthophyta (yellow-green algae)

Schleimpilze
Myxomycota (slime moulds)

Braunalgen
Phæophyta (brown algae)

Jochalgen
Gamophyta (conjugating green algae)

Goldalgen
Chrysophyta (golden algae)

Kryptomonaden
Cryptophyta (cryptomonads)

Kieselalgen
Bacillariophyta (diatoms)

Falscher Mehltau, Kraut-fäule der Kartoffel
Oomycota (mildew)

Rotalgen
Rhodophyta (red algae)

Grünalgen
Chlorophyta (green algae)

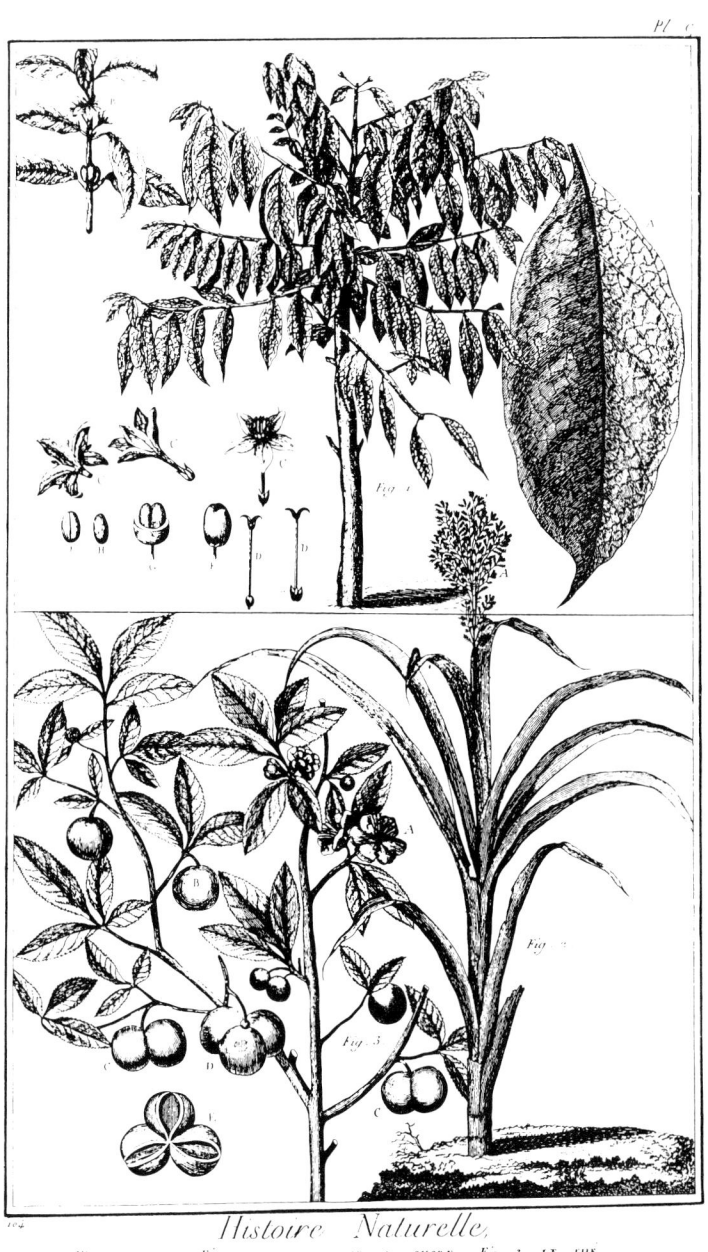

Histoire Naturelle.
Fig. 1. LE CAFE. Fig. 2. LA CANNE A SUCRE. Fig. 3. LE THE.

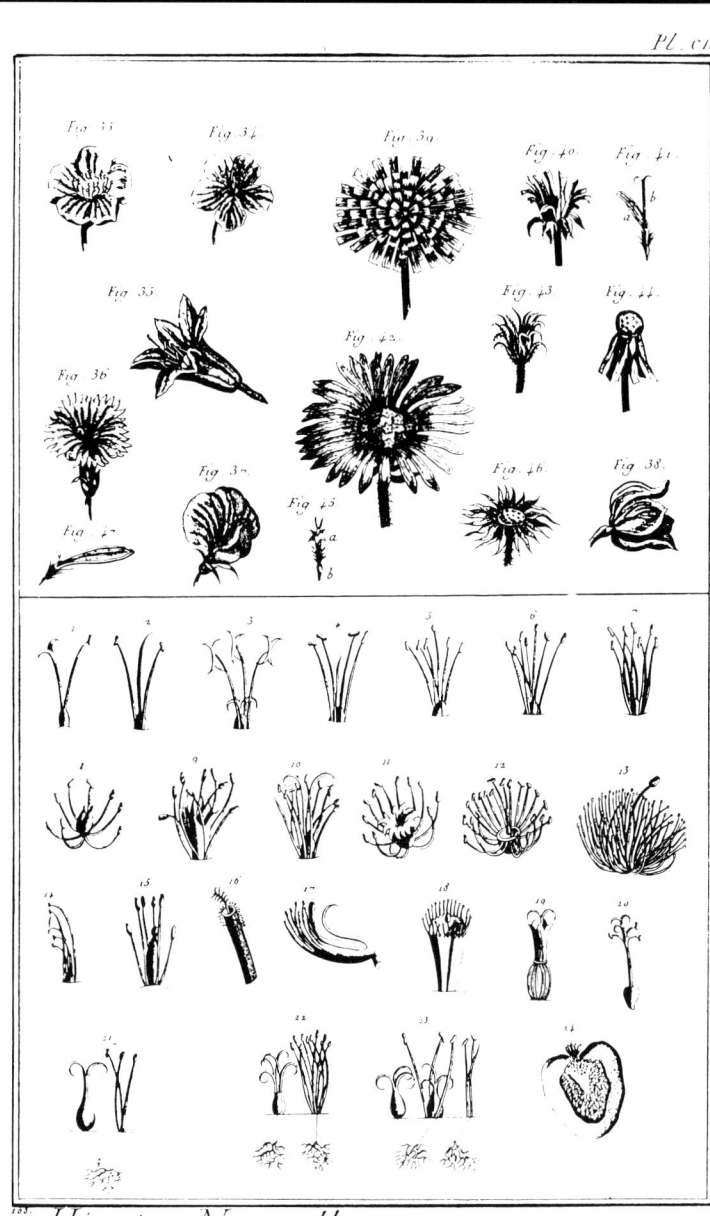

Histoire Naturelle Principes de Botanique, Système de Linnæus.

Pl. CIV

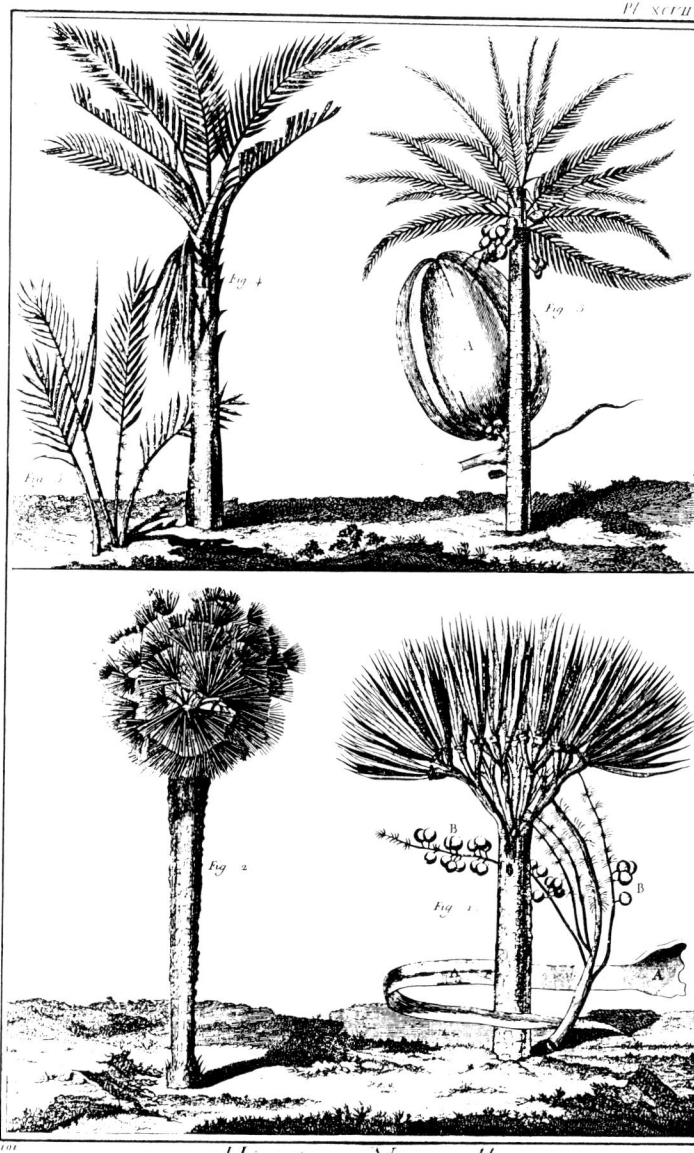

Histoire Naturelle.

Fig. 1. LE SANG DRAGON. Fig. 2. LE PALMIER EN ÉVENTAIL. Fig. 3. LE COCOTIER. Fig. 4. LE SAGOU.

REGISTER / INDEX

Histoire Naturelle,
Fig. 1. LE QUINQINA   Fig. 2. LA CASSE

Histoire Naturelle,
Fig. 1 LE CACAOTIER. Fig. 2. LA CANELLE.